一歩いっぽ

安心の地域づくりを

依田　發夫

長野県東信地域での活動エリア

表紙カバー　絵　・　横山　　孝子
大扉　写真　　　・　滝澤　さや香

まえがき

90歳を越した私が、この本を世に出そうと思い立ったのは、２０２３年早春、親しい友人たちに上手にすすめられ、その気になったからでした。

太平洋戦争中に幼少期を過ごし、軍国少年として育ち始めたころに終戦を迎えた私は、日本のあの大変革と激動期のなかで青春を過ごしました。そして約70年間社会人として人生を歩んできました。この間、自己の存在意義について思いを深めることが何度もありました。そしてたどり着いた人生目標は、新憲法の理念がないがしろにされ、非人間的で、将来危険な方向に社会が動き始めていることに抗い、多くの人びとが生きる喜びを実感できるようなそんな社会づくりに、いささかなりとも力を尽くすことができたらということでした。

学生時代から世の中の流れを社会科学の視点で見る、不正義なことには黙っておられずすぐ行動に移してしまう、そんな生き方は青年時代も、病院勤めの時代も、その後の社会生活でも、でした。

そのような日々のなかで、いくつかの団体・組織の機関紙、専門雑誌、講演記録集などに、その時代時代の必要に応じ執筆した原稿の中から何点かをピックアップし、可能な限り年代別に整理してみました。

主として、ふるさと望月町長者原開拓での酪農時代、青年団での学習活動、乳価闘争、60年安保闘争など、そして小諸厚生総合病院時代の地域保健予防活動、協同組合医療運動、労働組合による地域活動の実際、その後の国民医療研究所出向と民主的な医療にむけて心を注いだ医療研活動、食糧と健康を守る食健連運動など。また今につながる長野県高齢者協同組合の立ち上げとその活動・事業展開。長野大学での学生たちとともに学んだこと。そして最後に、住民主体の安心な地域づくりに発展した、小諸・北佐久地区の介護施設づくり住民連絡会や、上田市豊殿地区の住民による「安心の地域づくり」運動などです。

「主体者として生きることにこだわり続けたい」主体者が増えるということ、自分がこの世の中の主人公であるということ。そういう自覚を持つことによって、日本の社会が大きく変わっていく、民主的な社会になっていくだろうと思います。

2年前に新安保法制ができ、関係するいろいろな法律ができました。そして、いま憲法9条改悪に向けて発議がおこなわれようとしています。

もっともっと主権者としての意識を持つ人が多く、そして行動に参加し、日本中を覆うことができれば、今の日本を必ず変えることができるだろうと思います。私たちの思いをどう広げるか、住民主体の国づくりには壮大な夢があります。

まわりの人から思いをつなぎ、仲良くし、人間関係を築いていくことから始めることだと私は思います。まさにThink Globally Act Locally（思考は地球規模で、行動は足もとから）です。

そのために残る人生を全うしたいと思います。

「一歩　いっぽ　安心の地域づくりを」目次

一・戦争に翻弄された少年時代
そして酪農民に

平和への道を歩み始めた原点

私は1932（昭和7）年旧協和村片倉（現佐久市望月）に四人兄弟の三男として生まれました。私が生まれた前の年に満州事変が始まり、翌年には小林多喜二が虐殺されました。そういう時代状況の下で私は生を受けました。もちろん、出生時にそんなことを知る由もありませんでしたが。

小学校3年生のときに太平洋戦争が始まりました。12月8日、霜が真っ白に降り注いだ朝でした。すぐ近くの家のお兄さんに連れられて学校に一緒に通っていたのですが、その兄さんがいきなり「今日アメリカと戦争始めたっていうぞ」と話してくれたのですが、よくその意味が分からなくて、「エー戦争って」と言ったきり会話もしないで学校に行ったことを記憶しています。この日の朝のことは、道端の様子まで今でも鮮明に脳裏に浮かんできます。それから、否が応でも軍国少年の道を歩まされるわけです。

私は学校で、軍歌しか教えられなかったので童謡を習った記憶がありません。学校から帰ってくると鹿曲《かくま》川の堤防の上で、毎日戦争ごっこです。周りの人から「大きくなったら何になる」と聞かれると、すぐさま「陸軍大将」と答えていました。ほかに考える情報が全くなく、陸軍大将が唯一の憧れでした。今のように野球選手とかパイロットなど言葉すら知りませんでした。そういう時代の中で大きくなりました。

戦争の怖さを実感した小学校5年生

小学校5年生のときでした。兵隊さんを戦争に送りだすときには、集落のお宮にみんな集合して、日の丸の旗を振って「勝ってくるぞと勇ましく」の歌をうたって送り出しました。テレビの画面に映し出される場面そのものでした。

そうやって送り出した親しいUさんが、約半年して白木の箱に入って帰ってきました。戦死して帰ってくる人を迎えるときには、小学生が1キロくらいの道の両側に並んで迎えるのです。そして学校の中庭で村葬をしました。この経験を何回したでしょうか。本当にショックだったのは、遺品として見せてもらった鉄カブトに鉄砲玉による穴が開いていて、真っ黒な肉塊のついた手拭いが入っていたことです。これがあのとき送り出したUさんかと思ったとき、本当に戦争の怖さを実感しました。「戦争というのは死ぬことなんだ。」そのことがよくわかりました。私はそれから「戦争に行きたくない」「死にたくない」という気持ちが強くなり、いつの間にか戦争ごっこを止めてしまいました。私の平和への思いの強烈な原点はここにあります。

赤紙一枚の召集令状で、死を覚悟して戦地に赴く心境がどのようなものであったかを、幼い私は考える術もありませんでした。その光景が当たり前のように思っていた私のような少年たちを育ててきた教育は、魔力を持つもののようにあるときから思えてきました。学校の校門を入るとすぐ左手に奉安殿という天皇の写真を納めた祠《ほこら》があり、生徒はそちらに向き直って深くお辞儀をしてから校舎に入るのが習わしでした。これは全国の学校に徹底されていました。一事が万事この調子で、「天皇のため」「国のため」が最優先される教育の中で私たちは育ちました。このような幼少からの教育により国民の価値観が形成されてしまいました。この歴史的「教訓」を生かして、いま為政者は「教育」を重視しているのです。

ある厳粛な事実と出会い、私は戦争のむごたらしさ、恐ろしさを魔法の呪縛から解きほぐされるように感じてもいました。それは私の長兄が出征した直後のことです。親類縁者や近所の人たちが私の家から去り、家族だけになったときです。もう我慢できないというように突然母親の嗚咽が始まりました。うずくまり、上半身を震わせる姿に周りのものはなすすべがありませんでした。普通の母親であれば当たり前の姿であったでしょう。それがはばかれていたのは、そのときの社会によって作り出されていた非情な「常識」のためです。母親はそれから一週間近くも寝込んでしまい、普段やったことのない父親が食事をつくり、弁当をつくってくれたときのあの言いようがなく切なかった気持ちは、いまでも悲痛な記憶として私の心の中にあります。

戦争の恐怖から逃れるにはどうしたらいいか、戦争に行かないで生き延びられる方法はないか、と小学校5年生の頭の中で真剣に考え始めました。いまにして思えば稚拙の域を出ませんが、家の裏山にある、ほとんど人の通わない我が家の屋敷神を祀った、小さな洞の陰に隠れていようと考えていました。そのために必要な食料や寝具、わらクズなどの準備を始めました。志半ばにして、父親に見つけられ、ひどく怒られ、実現できずに終わりました。このときのむごい死への恐怖心は、私の青年時代の価値観を形成するうえで重要なインパクトとなりました。そして戦後80年ちかくを生きてきたわが人生における諸思考の礎ともなっています。

飛行場づくりに動員された中学校時代

１９４５年、この年の夏は異常な暑さでした。8月を迎える2か月ほど前から私は、中学のクラスメートとともに現佐久市内にあった農林省（当時）の種畜牧場へ飛行場づくりの作業に動員されていました。本土決戦に備えたにわか飛行場造成です。

広い牧場の敷地にある防風林を切り倒し、人力で整地し、３㎞ほど離れた石山をダイナマイトで爆破し、その鉄平石（50㎝四方くらい）を中学生が肩にかつぎ、人海戦術で運び、一枚一枚敷き詰めていく気の遠くなるような作業です。動員された中学生は1、2年生で、3年生以上は学徒動員で遠方の工場へ行っていました。最上級生の何人かは海軍兵学校などに進学しました。作業員は私たち中学生のほかに、軍によって徴用された軍属と呼ばれる年配の予備兵たちでした。その予備兵のおじさんたちと中学生が炎天下でモッコ担ぎの土木作業をするのですが、大人の方がフラフラしていて仕事が進まないのです。食糧不足による栄養失調と吹き出るような汗で、極度に体力が低下していたためです。動けなくなり腰をおろすと二十歳にもならない若い下士官に叩かれ、歯を食いしばりながら働く姿を中学生が見ることは非常につらいものでした。戦時中なるが故にまかり通る不条理を、子ども心にもどのくらいくやしく感じたか知れません。朝家を出るときに母親に頼んで豆炒りを作ってもらい茶封筒に入れて持っていきました。作業中、上官に見つからないようにしてそっとその茶封筒をおじさんのポケットに入れるのです。そんな些細な行為に大粒の涙をこぼして喜んでくれました。現在の食糧事情からは想像もつかないようなことが起き、どれだけ多くの人びとが身も心もすり減らされていたことか。こんな時代であるからこそ、一握りの炒り豆で人と人の心が寄り添う暖かさをじっと噛みしめるわずかな瞬間をつくることができたのだと思います。

8月14日、作業はほぼ完成に近づいていましたが、「明日は休みだ」との伝令が走りました。その日は朝からじりじりと照りつけるような暑い日でした。家で養蚕の「かいこあげ」作業を手伝っていたときでした。隣家の小父さんが肩を落とし足を引きずりながら、我が家の庭に入ってきて一言ぼそりと言いました。「日本が負けたってさ」と。

私はわが耳を疑いました。何かの間違いではないか。自分が死ぬことは絶対いやだと思っていましたが、日本が負けるとは夢想だにしませんでした。なぜなら私たちは、修身の授業で「神風」のことを教えられ、心底からそのことを信じさせられていたのです。その日の午後から呆然自失の時間が始まりました。思考の整理がつかないまま、ただ一つ「これからの日本はどうなるのか」を考え続けました。

終戦直前まで頭の中をかけめぐっていた死への恐怖、まわりの人たちが「撃ちてしやまむ」「鬼畜米英」を叫んでいたとき、「戦争はいやだ」と言えず苦しんだ日々のことが一気によみがえってきました。

学生時代に生き方の方向性を見つけた

高校2年生の文化祭に演劇班でゴールドワージー作『敗北』を上演しました。演出と舞台装置をうけもちました。第一次大戦の最中、連合国軍の兵士たちに身を売るドイツの女性が、戦いの終結を知った途端に人間性に目ざめ、人間としての叫びをあげるという筋書きでしたが、この脚本を選んだ背景には若干あどけなさはありましたが、当時の私たちの心意気があったかなと自負していま す。

新しい時代がやってくるということに目覚めて、私の生き方の方向性というものを見出していく契機になったのは2冊の本でした。一冊は山本茂美の『生き抜く悩み』です。もう一冊は吉野源三郎の『君たちはどう生きるか』です。この2冊の本が、私が物事を考える基準が形成されていく過程で、非常に大事な役割を果たしたと今思っています。

そこに新しい憲法ができて、私はその意味をすべてわかりませんでしたが「何か変わる」「日本が生まれ変わる」と、とくに9条については、すごい感動を持って受け止めた記憶があります。

大学3年生のとき（1954年）第五福竜丸事件がおき、久保山愛吉さんが亡くなりました。ビキニ環礁におけるアメリカの水爆実験、死の灰による犠牲者がまた日本人となりました。私たちの怒りは爆発しました。アメリカ大使館への抗議と連日のデモ、そしてこれを機に学内に「平和の会」がつくられ、学園祭の展示や催しは「平和」一色に包まれました。大学構内は一日中「原爆許すまじ」のテープが流れました。

私は平和の会の活動に身をおきながら、「うたごえは平和の力」のスローガンを実践するグループの先頭に立つようになりました。仲間を増やし、他団体とも連携し「うたごえ」が大きな社会的な力になる状況の一翼を担えたかなと思ったりしました。

学業とアルバイトと平和運動の三つを併立させていくことは容易ではありませんでしたが、今にして思えば「夢中で突っ走る」かけがえのない青春時代でした。

また、私は大学の児童文化研究会（通称童研）のサークルで人形芝居の製作に時おり時間をとっていました。ある夏休みのとき、サークルの友人たちと連れ立って旧協和村の神社やお寺の境内で子どもたちのために紙芝居や人形芝居、夜には公民館でスライドの上映などをして歩きました。まだ数少なかった耕耘機にリヤカーを改造したトレーラーをつなぎ、ビニールの幌をかけ集落を回って歩きました。

このとき、子どもたちを集める段取りをし、会場を手配する役を一手に引きうけてくれたのが、私の小学校時代の同級生たちでした。村の青年団の活動としてです。嬉しくてうれしくて心がゆさぶられました。上映のスライドは小川未明作、人形劇「野ばら」でした。隣り合う国境で敵・味方同士の警備兵が、真っ赤に咲いた一輪の野ばらを愛でることからお互いの心を通わせ合う、「戦争より平和を」というメッセージのこもった私の好きな作品でした。子どもたちに人間の心の暖かさを伝えたかったのです。

わずかな期間ではありましたが、私はこのささやかな活動のなかで、将来自分の進むべき方向を感じ始めていました。それは、あの小学校時代の友人たちが真夏の大変な農作業の合間をぬい、汗を流し、自分たちの生まれ育った地域をしっかり守っていこうとしている真摯な姿が、私の心のなかから離れなくなっていたからです。そして「いつか俺も一緒に」の思いが確固なものとなっていきました。

大学卒業後新聞社に入って東京でしばらく働きました。ここで文化部のデスクに「依田君、どんな仕事についてもいいけど社会のために役に立つ仕事に、それだけは忘れるなよ」と言われました。その言葉は私にとって忘れることのできない大切な教えになっています。

酪農民となって

新聞社では、好きな仕事だったので続けたい気持ちがありましたが、一方「村へ帰る」意志はあの時以降細ることはありませんでした。

親兄弟を説得し、下宿の荷物をまとめて村へ帰ってきました。1957年4月です。長者原（現・長野県佐久市布施長者原）開拓で兄と協同で酪農業を始めました。ブラジルへ移民した人の跡地へ補助入植でしたが、耕作されていた土地はわずかで、おおかたは原野でした。2ヘクタール近い林を切り拓き、牧草が育つ畑にするのにどれほど労力をつぎこんだことか。青々と茂ったオーチャードグラスやルーサンを真夏に刈りとり、夜露にあわないようにしながら大切に干草を仕上げ、冬のエサ用に牛舎の2階に積みこんでいくときのあの牧草のにおいは、五〇年を経ても鼻の奥にしみついています。

真冬の吹雪の日の牛乳の出荷は半日仕事でした。一メートル以上にも吹き溜まった雪道を橇《そり》の通る幅にスコップで除雪し、400mもある集乳所まで運搬するのですが、帰りにはもう道が埋まってしまうのです。こうして丹精こめ育てた牛から搾る牛乳、一日も欠かすことなく出荷する牛乳を、消費者はどんな思いで飲んでくれているのかなと考えたこともありました。酪農を始めて間もなく安保闘争、そしてそれに続く乳価闘争が始まりました。

開拓地でひと休み（左端筆者）

青年運動と学習活動

57年に村の青年学級（公民館活動）に仲間入りをさせてもらいました。

当時長野県内の農村青年の学習活動は「農村青年通信講座」（農村文化協会＝農文協）発行のテキストが活用されていました。青年たちが自分たちの生活を見つめ文章に綴り、信州大学の玉井袈裟男先生などを講師にしてみんなで話し合い、新しい生活や農業のあり方を探求していこうという「生活記録運動」で、青年団や青年学級の仲間たちがテキストを取り寄せ、イロリやコタツを囲み学習会をよく開いていました。さらにやや時をおいて学習協会発行の「学習の友」をテキストにし、社会の現象を社会科学の視点から捉え、自分たちの政治的自覚、主体形成のための基礎学習に役立てる学び合いをしていました。その時の感動は水が砂に滲み入るように青年たちの心の中に広がっていきました。ここで身につけた物の見方、考え方、そして生き方はぶれることなく、多くの仲間が今を生きています。

農文協テキストによる県内交流が広がることに併せて、「うたごえ」などの文化運動も青年たちの心をとらえ、地域的広がりを見せるようになりました。一日の農作業を終えてから、公民館代わりの役場の二階に夜集まり、2〜3日に一度は何かの集会が開かれていました。まだ自動車などほとんど無い時代でしたが、物ともせず足を運び、元気を分かち合い、そこで蓄えられた知とエネルギーがやがて次なる運動へと発展していくことになりました。そんなとき、4か町村の合併問題が浮上してきていました。青年たちは、村民の意見を聞いてほしい、と村政民主化の運動を始めました。仲間がしだいに成長し、連帯意識が高まりました。

やっこら会のメンバーの政治意識の高揚

農近協（農業近代化協議会）、町村合併、産業振興対策など、農文協による学習・交流活動で、県内の仲間たちと知りあいました。農業近代化への取り組みを知ることにより、それが刺激となり、私たちも協和の地で農業の将来を考え、行動していこうと58年に「やっこら会」(やっこら立ち上がるから命名、会長・依田発夫）を結成しました。会員全員が農業青年で青年団ＯＢや現幹部、それに青年学級リーダーなどを中心にした村内の有力メンバー13人衆の集まりでした。

アメリカとのＭＳＡ協定により日本が食糧自給政策を棄て、「選択的拡大」を農民に押し付けた政策の意図を、当時は的確に見通し得ないまま、「やっこら会」は農業経営規模拡大と共同経営を推進するための模索を始めました。農文協で結ばれた県内の仲間はこの時期、日本農業のあり方、近代化の本質をめぐる議論と創意あふれるいくつかの実践に取り組んでいました。

やっこら会は神奈川県津久井農協の10万羽養鶏の視察や、東京世田谷区の国際養鶏研究所へ、私が住み込み研修に行くなど、共同養鶏の準備に取り掛かりましたが、卵価の長期低迷により経営の見通しが立たず立ち上げを諦めました。

次に取り組んだのが酪農の共同経営です。協和財産区の梅地原（現望月高原牧場）を候補地にし、先ず牧草の栽培試験を開始しました。やっこら会のメンバーが交代で、生育状況や野兎による食害状況の調査に通い、スタートを切りましたが、結果的に共同経営の経営主体をどのような形態にするか、経営規模や資金計画、人員（専門スタッフ含む）計画をどうするかなど煮詰めることができないまま中止のやむなきに至りました。

国の政策で共同化の波は全国的に一定の広がりはありましたが、日本型農業つぶしとの矛盾のなかで、ほとんどの共同経営は姿を消してしまいました。「国の言うとおりにやればみんなつぶれる」と当時言われていましたが、アメリカ従属の日本農政は今も変わることなく続けられています。いま食糧主権を実現し、国連の提唱する「家族農業」を王道にする取り組みこそが強く求められています。

1960年に長野県農業近代化協議会（農近協・小林節夫会長）が結成され、私たちのやっこら会もここに参加し、望月農近協としての歩みを始めることになりました。やっこら会は望月町合併直前の協和村政民主化と合併後のまちづくりなどに会を挙げて取り組み、先駆的役割を果たしました。メンバーは町議会議員、農協理事、農業委員など地域のなかの要職につき活躍しました。

安保闘争と乳価闘争

安保闘争は、「やっこら会」の学習のなかで国の真の独立をめざす意識を仲間のなかに高揚させ、とりわけＭＳＡ協定の屈辱性には耐えられない怒りをもたせました。青年団の仲間と一緒に、国会デモに代わるがわる何度も参加しました。日本中で湧き上がる巨大な闘いの輪の中に私たちは身を置きました。政治的自覚の高まり、充実感を誰もが覚えました。闘いに勝利はできませんでしたが、参加した仲間の多くは自分の国の将来、あり方について一国民として主体的に考えることが普通であるようになりました。民主国家に近づくための、歴史を前へ動かしたような心の高ぶりを感じていました。

次の闘いはすぐ始まりました。全国に名を轟かせた佐久の乳価闘争です。前記のような、私たちが農業の将来を酪農に懸けた拠りどころは、国の選択的拡大という農業政策でした。農民に希望をもたせ、牛を増やさせ、その挙げ句にアメリカからの高い飼料の輸入と脱脂粉乳の輸入、そして私たち生産者からの乳価は低く抑えることでした。そこで日本の酪農民を足蹴にしたこの国の政策と私たちの生産者原価を無視した乳業メーカーの買いたたきに抗議して、佐久地方の酪農民１７００人が一斉に立ち上がりました。農民運動史上初の、牛乳の出荷をストップするストライキを整然とおこないました。佐久地区酪農協青年部が中心になり、生産費を補償する乳価の値上げを求める「乳価闘争」です。まさに「牛飼いの声よとどろけ佐久の野に日本の空に」（生産者大会に寄せられた信州大学玉井袈裟男先生のメッセージ）でした。私たちはこの闘いのなかで、農民の自立・主体性を獲得することの意味を実践的に学びました。これ以後の私のさまざまな社会的活動、そして仕事のなかにこの学びは生き続けることになりました。

町に社会教育主事を

東京大学教育学部宮原誠一教授が主宰し、「生産学習と政治学習の統一」を掲げた信濃生産大学の合宿研修が１９６０年から66年にかけて駒ケ根市で開かれ、農近協会員は交代で参加しました。農業基本法に基づく「構造改善事業」にどう対処するかを、具体的政策をとおして学び、町の農業政策を町民の立場から考える上で収穫の多い学習になりました。

私たちは「望月農近協は町独自の産業振興策を樹立し町づくりを進めよう、産業振興はまずその土台となる人づくりから」、と専任の社会教育主事の採用を町に求め交渉を開始しました。そして信濃生産大学で教えを受けた東京大学宮原誠一先生を訪ね、研究室からの主事の派遣を依頼しました。ところが町の理事者たちは産業振興計画樹立のために農業総合研究所の渡辺兵力氏に調査・提言を依頼し、中間報告を受理したにもかかわらず、何もせずにいました。そこで農近協メンバーは1961年、町内の社会教育関係67団体の署名を集め、「望月町に社会教育主事を採用する」ことを求める陳情書を町長、教育長、議会議長に提出しました。返答は当初財源不足を理由に私たちの申し入れを断っていましたが、交渉を重ねていくうちに本音は「農近協はアカらしい」などと、中傷をまき散らしていることが分かってきました。更に聞き込みを進めるなかで、保守系国会議員とつながりをもつ町議会議長の意向に、周囲が忖度していることも明らかになりました。

しかも、これに先立ち町の理事者はじめ多くの役職者が連れ立って、県の社会教育課へ主事採用についてのご意見伺いに行くとか、南北佐久の町村を調べ「どこにも大学出の主事を置いているところはない」とか、更には「社会教育主事の仕事と産業振興の仕事が両立しない」などと町はくり返しました。

農近協は次の策として町産業振興会議と懇談を重ね、議会の経済委員会と産業振興会議の理解を得て、味方になってもらい、状況を大きく変える局面をつくり出すことができました。更に農近協が中心となり、社会教育主事採用の必要性と、ここに至る事実経過をまとめたビラ「町民に訴える」を作成し、理事者たちに、内容に誤りがないことを認めさせる交渉をおこないました。交渉に参加した女性グループから「若い衆がやることに最後まで協力する」「どうしても予算がないなら自分たちでお金を出し合ってもいい」と気勢が上がり、運動はさらに前進しました。

連合青年団と青年会議（農近協参加）の連名で「町民各位に町の実態を訴えます」のビラを作成し、全戸配布しながら町長、議会への請願署名をとって歩きました。紹介議員は23名中16名を確保し、議会に詰めかけた傍聴者の見守るなか請願議案は賛成多数で可決されました。感動の拍手が議場内に響き渡りました。

こうして、東京大学宮原誠一研究室から吉川徹さんの派遣が決定し、すでに本人が来町後に採用辞令が出されるという異例の事態のなかで、望月に初の社会教育主事が誕生しました。その後の吉川さんの精力的・献身的な活動の足跡やこのときの住民の闘いは割愛させていただきます。

この運動と軌を一にして60年安保闘争、61年からの日本初の佐久の乳価闘争のとりくみなど、農近協のメンバーは文字どおり昼夜を分かたず、燃え尽きるような生活に明け暮れました。よく働き、仲間とともに学び、行動し、このなかから青年たちが求める安心して暮らし続けられる地域づくり、住民が主体となり社会正義を実現させていく世直し運動の展望が持てるようになりました。

多津衛民芸館への道

社会教育主事採用の対町交渉のなかで、私たちは時の教育委員会の不甲斐なさに何度苛立ちを感じたか分かりませんでした。そこで考えついたことは協和公民館に、豊かな見識を有する公民館長を置き、教育委員会の運営を真に住民の自立に役立つものに変えていこうと、吉川主事とやっこら会のメンバーは考えました。直ちに候補にあがったのは協和村天神出身で元北佐久郡教育会長をされていた小林多津衛先生でした。

当時先生は岩村田にお住まいで、私たちはすぐに多津衛先生のお宅を訪ね、趣旨をお伝えし、公民館長就任のお願いをしました。しばらくの時をおき、やがて了解をいただくことができました。町の理事者は反対する理由は何一つなく、小林多津衛協和公民館長が誕生しました。

就任されてからの多津衛先生は、精力的に地域の青年や女性たちと会い、意見を聴かれ、公民館の会議では高い識見を基に、公民館活動のあり方や平和についてのゆるぎない私見を述べられ、その影響力は地域のなかにじわじわと広がっていきました。さらに多津衛先生は生涯、民芸運動に情熱を傾けられ、自ら「染め」の講習会を開いたり、また『協和通信』を発行し、人びとへの啓発活動、世界平和のための「赤十字国家」を提唱し、平和を希求する強い思いを発信し続けられました。

ご高齢になられ、病にも冒されるようになるなか、先生が長年かけ蒐集された膨大な数の民芸作品の陳列・保管をし、多津衛先生の思想と功績を次世代につなげようと、町内外の多くの方がたのご協力で多津衛民芸館は開設されました。民芸館は蓼科の山なみと町を一望できる小高い山の上に立ち（土地は吉川さんが退職金を担保に借金して購入）、訪れる人びとにやすらぎを感じさせ、同時に格調高いその存在は望月らしい姿を表しているように思います。戦後間もないあの当時の青年たちによる農文協、やっこら会、そして農近協、信濃生産大学からまちづくりへと続いた系譜が、目に見えぬような糸で結ばれ、次世代へと受け継がれ、地域の文化として形成されているように思えてなりません。

開拓農民の深刻な健康問題

旧望月町の長者原という開拓地（標高１０００ｍ）で牧草をつくるための原野を拓く開墾作業は、当時まだ人力でしか方法がなく、その過酷な仕事は身が裂かれる思いでした。そのため、長者原には深刻な問題が表面化してきました。開拓農民の健康問題です。

戦後の食糧難を解決しようと始まった国の開拓政策は、担い手の多くが満蒙開拓からの引揚者、戦争による都会からの被災者などでした。この人たちがまだ50～60歳代の働き盛りであるのに、少し重い病にかかると回復することなく亡くなってしまうのです。入植直後は住居もなく傾斜地に横穴を掘っての劣悪な住環境で、まともな栄養も摂れない食生活と重労働、そして貧困により、起こるべくして起きた開拓農民の問題が進行していました。現在では長者原は高原野菜の大産地になっていますが、当時はこのような実態でした。

この深刻な事態を乗り越える方法はないかと何度も役場へ相談に行き、とりあえず医療費の負担軽減の方策を考えてもらいました。そして何よりも長者原地区の人びとの健康をとり戻す方法を思案しました。

この後、私の体調で離農せざるをえなくなり、長者原を離れたことで、地区の人びとの健康問題を継続して取り組めなくなったことが、今でも心残りです。

二．小諸厚生病院での医療運動

住民参加の地域保健・福祉活動

体調をこわし転職することになりました。1967（昭和42）年です。

新しい仕事をどこに見つけようかといろいろと悩みましたが、最終的には佐久病院小諸分院（当時）に勤めることにしました。その当時、私ももちろん農協（農業協同組合）の組合員ですから、農協が作った厚生連の病院ということで、そこに入ることに決めました。病院の説明は省きますが、そこに約30年間いました。そのほとんどの期間、地域保健・福祉活動に従事しました。病院は患者さんを迎え入れて、その健康を回復してもらうことが中心的使命です。厚生連は一般病院と違い、佐久病院が1945（昭和20）年頃から、おそらく日本で最初に地域へ出て出張診療をおこない、病気にならないようにしよう、「農民とともに」というスローガンのもと病気は早めに見つけようという活動をずっとやってきています。農村医療の草分けで、普通の病院では考えられないことでした。私もそういうところに在籍しました。佐久病院の本院は南佐久郡を主な医療圏とし、小諸分院は北佐久郡を中心に活動していました。

日本人は昔から生活や労働についての配慮をせず、健康を犠牲にして働くことが、美徳であると考えられてきました。江戸時代、徳川幕府による政治がおこなわれるようになって、この美徳という考え方で農民を支配してきたわけです。百姓は「殺さぬように生かさぬように」されました。戦《いくさ》になって百姓がみな戦地に駆りだされたとき、足軽などの下級兵として働いてもらうためには、まずは生きていてもらわなければ困ります。兵として戦力になることが必要です。さりとて、その農民がいろいろ知識を得て、自分たちに楯突くようになるとこれも困ります。だから、できるだけ生かさないように殺さないようにして、半生かしというか、そういう状況で支配することが一番大事だったのです。それがずっと長い間続いてきて、農民の心の中に一つの価値観として定着していました。だから、体の調子がどんなに良くなくても体が悪くなっても、頑張って仕事を続けることが尊いと考えていました。

命や健康をどう考えるかは、私どもがどう生きるかということと同じく最も基本的なことです。他人様に与えられるものではなくて、自分の命があることを愛しむ深い思想が芽生えてこないと本物にならないと思います。そのため、いろいろな啓発活動をやってきたのですが、一番多くやったのは「部落懇談会」です。夜、仕事が終わった後に地域の皆さんに集まっていただいて、役場や農協などの担当者と一緒にやることが多かったのですが、私が働き盛りだった時期には、1年間に100日ぐらい皆さんと一緒にいろいろなことを語り合いました。そういうなかで、私どもの気持ちと地域の人びとの気持ちとが重なり合っていくのです。

厚生連の前身は、１９１９（大正８）年島根県青原村（現津和野市）で始まった産業組合（現農協）による小さな診療所です。当時の農村は病気になっても医者にかかれず死んでしまうということが日常茶飯事でした。青原村の大庭政世組合長は「百姓だって人間だ。都市に住む人は医療が受けられ、農村に住む者は医者にもありつけないなんてことは許せない。行政がやってくれないなら組合がやる」と医者探しを始め、資金を集め、診療所の開設にこぎつけました。何年もかかったそうです。

私はこの歴史を病院にはいってから知り、感動しました。「百姓だって人間だ」の叫びはまさに人権宣言だと。協同組合がこの事業にとりかかることの意義の大きさと崇高さに身を震わせる思いでした。20数年間厚生連で身を粉にして働き続けられたのは、常に協同組合が組合員・住民の健康を守る運動を第一義的役割としてきたからでした。

病院で働いたほとんどの年月を私は健康管理部という部署で過ごしました。厚生連以外の病院にはなかったセクションです。仕事の守備範囲は大きく二つに分かれます。基本的には一体ですが、保健と予防です。人間ドック、集団健診（地域へ出張）、職場健診、各種ガン検診、予防注射などのいわゆる健康管理活動です。近年は地域福祉活動も他部署と連携してすすめています。

これらの活動のなかで私がもっとも意欲的であったのは健康管理活動です。病院の事業面から見れば不採算部門でしたが、土・日・夜間関係なく地域をとび歩きました。

佐久総合病院の若月俊一先生は「私たちの目標は医療の民主化だ（いつでも、どこでも誰でも最良の医療がうけられる）。しかし、そのためには背景となる地域の民主化が不可欠だ」とくり返し私たちに教えてくださいました。そして地域の民主化をすすめる道程と、健康を守ることは平和を守ることに通じるという運動論を。そしてまた協同組合はイギリスにおける発祥の歴史からしても反権力であるなど、こと細かに機会がある度に私は教えていただきました。私の仕事・活動の源泉は若月先生の教えによるものが多くありました。

小諸・北佐久地域では農協婦人部（現ＪＡ女性会）が中心となり、集団健診を積極的に実施していました。ところが続けているうちに受診率が段々低下してきました。事情を調べてみると農家の母ちゃんたちが納屋工場に勤めはじめ、健診だからといって工場を抜け出すことができないというのです。望月町でもこの傾向が強くみられました。高度経済成長の時期です。そこで私は納屋工場を経営する社長（農家の主人）のところを訪ね、兼業主婦の健康実態を説明し、健診に協力してもらうよう依頼して歩きました。健診班が工場宅へ出向き、座敷や茶の間などを借りて健診をするというものです。日本初の納屋工場健診方式でした。

Ｋ集落では手おくれに近い乳がんの患者さんが見つかり、直ちに入院・手術となったケースもありました。このときのことで思い出すのは、当人が入院することを、姑さんが承知してくれないというので、私はそのお宅へ伺い、家族全員と話し合い、入院にこぎつけたという経験です。昔から農家の多くでは「健康」のことを大切に考える風潮が少なく、手おくれ型の病気が多かったのです。私が健康啓発活動のなかで力点をおいたのは、この健康犠牲は美徳であるかのような考え方の生活習慣を崩していくことでした。極端にいえば、健診をうけることに積極的でない人を、無理やり健診会場へ連れてくることではなく、自分で自分の健康の大切さを考え、すすんで健診を受けるという人をどう増やすかが私の使命だと思いました。

健診は自分のいのち、健康を考える手段で、その結果をとっかかりにして人間のもっとも大切なものに気づいていくことこそが大切なのです。「健康」に向き合うことから真の自分を見出し、主体者としての自分に成長していけるのではないでしょうか。この行程は時間がかかります。時間がかかってもやり通さなければと、私は自分を鼓舞し続けました。

保健活動を住民主体で

1960（昭和35）年、長野県厚生連佐久総合病院小諸分院として発足した私たちの病院は、発足後まもなくから佐久総合病院の伝統を受けつぎ、地域の保健活動に積極的に取り組んできました。当時まだ職員の数も少なかったこともあり、みんなが交替で、そのことが当り前であるように日常診療の合い間をぬって地域に足を運びました。労働組合でも結成当初から、「農家組合員・住民の健康を守る」運動を五大スローガンの一つにかかげ、毎年大会でこれを確認しています。健康管理部の活動の主なものをあげてみます。
１９６３年　原村（現小諸市）健康管理事業開始
１９６５年　破傷風ゼロ運動開始
１９６６年　直腸癌集団検診開始　耕うん機流早産調査開始
１９６７年　農協役職員健診開始
１９７０年　農村婦人の偏食調査　うすい血（貧血）追放運動開始　農村婦人の腰痛検診
１９７２年　納屋工場健診開始　トラクターのオペレーター健診開始
１９７３年　集団健康スクリーニング開始（長野県厚生連として）
１９７５年　ゴルフ場キャディ健康調査
１９７６年　北御牧村の村ぐるみ健康管理活動開始
１９８３年　実践保健大学開講
１９８７年　病院デイケア（障害老人の昼間あずかり）開始などです。
長野県厚生連が１９７３（昭48）年から全県的に開始した「集団健康スクリーニング（ヘルス健診）」を、小諸厚生病院も、農家組合員を中心に地域住民の成人病健診として始めました。
この健診方式ができるまで私たちは、胃とか胸部とか貧血とかというように、部分的な検診をおこなっていました。ヘルス健診は総合的な成人病健診であるため、その結果を日常生活の改善（第一次予防）にどう結びつけていくかがきわめて大切になります。この取り組みは、農協が組合員の健康を守る組織的な運動の基本にしようとすすめられてきましたが、農協には保健の専門家がいません。行政の保健婦さんの力を借りることにしました。農協の生活指導員と保健婦、それに病院スタッフがチームを編成して組合員の保健活動に取り組む一つの形ができました。しばらくして重要な問題に突き当たってしまいました。農協のおこなう保健活動と行政のおこなう保健事業が、組合員・住民にとっては二本立てとなってしまうことです。当時行政も、住民健診として成人病の健診を広げていた最中でした。私たちは診療圏内の市町村ごとに、行政・農協の担当者たちと、住民にとって最も良いやり方は何かを話し合いました。連日のように農協まわり、役場まわりの日が続きました。話し合いはそれぞれの地区ごとに事情がちがい、一様にはいきませんでしたが、大筋としては行政と農協が協力・連携し、組合員・住民の健康管理推進組織を一本化していく。その組織が健診内容も統一していこうという方向で固まっていきました。そして厚生連のヘルス健診がほとんどの町村で採り入れられることになりました。昭和50年代の前半は、この組織づくりが保健活動の中心的な仕事であったといえます。県下全域でも、県厚生連の運動でこのような動きであったと聞いています。

これ以後私たちは、ヘルス方式という一つの健診を足がかりにして、小諸市・北佐久郡内（小北地区）約一〇万人の組合員・住民へさまざまな働きかけをしていくことになりました。小諸分院が

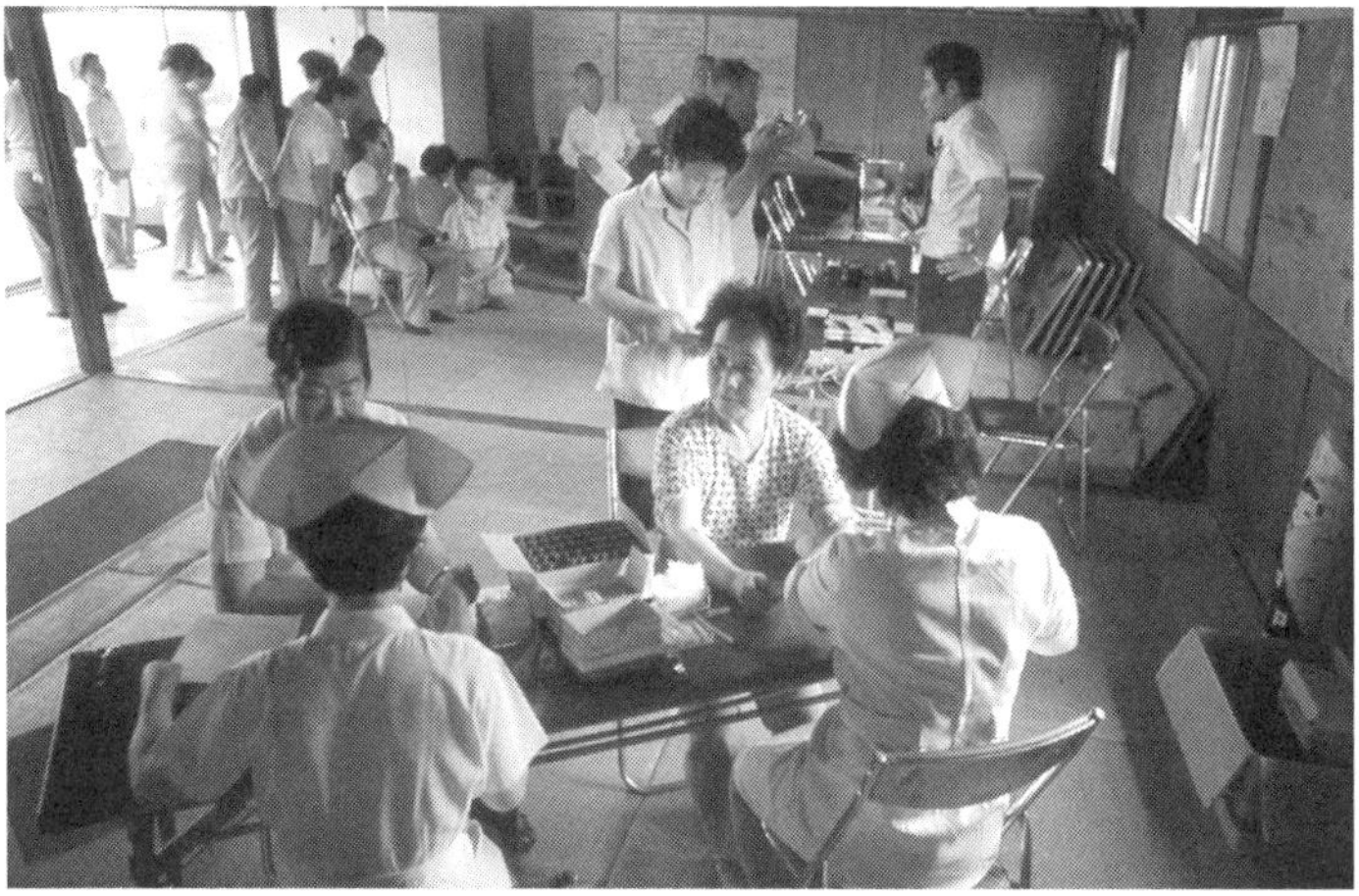

北御牧村の健診風景

開設されてからそれまでにほぼ20年が経っており、この間すぐれた先輩たちの実践に学びつつ、小北の地で何ができるのか、組合員・住民の「健康」を中心にすえ、協同組合らしい運動がどうしたらできるのかを、手探りで求めてきました。そのなかで言えることは唯一つ、協同の輪を広げていくための一人ひとりの人間の輪を広げていくこと、それがすべての土台であったといえましょう。組織づくりはそこから始まりました。

健康づくりを誰かから言われたからやるのではなく、できるだけ住民の自主的な運動にしようと努力がはじまっています。私たちも夜な夜な集落へ出かけては組合員・住民の方がたと話し合い、健康まつりのお手伝いをせっせとやり、高齢者対策、食健連運動、水と緑を守る運動、文化運動など、地域のなかの住民運動にもどんどん参加していき、こういう日常のつき合いのなかで幅広い人間関係が育くまれ、段々に思いが通じ合っていきました。

健康でありたいという誰にでも共通の願いを地域全体の願いにし、それに向かって住民一人ひとりが何かをしていこうとするとき、その動きの核となるのはだいたいこういう仲間たちであり、数人単位の小さなグループからはじまって、枠組みは行政や農協の組織であっても、中身は住民の自主的な活動で支えられている健康を守る組織が多くできました。それらの一つひとつと私たちはかなり密接につながりをもってきました。

ただし、地域住民すべてが主体的にそういう運動に参加する状況になったかというと、未だそうではないと思います。

憲法第25条は健康を権利として捉える考え方ですが、憲法を基本にして自分の権利として自分の健康を考えるようになってくれたらいいと思います。私もその点ではかなり考えさせられました。有効な手段は、社会教育との相乗りです。日本では、社会教育と健康教育を一緒におこなう経験が少ないのですが、これは非常に有効です。

地域での演劇活動

それから、私どもがよくやったのは演劇です。集落をまわっての「部落懇談会」や、さまざまな健康啓発活動は相当力を入れてやっていましたが、とても追いつきません。そこで、若月先生の言う宮沢賢治の教えにならって「劇を持ってまわろう」と考えだしました。厚生連病院には労働組合のなかに劇団部があり、演劇活動を通じてさまざまな意識の啓発をおこなっています。私も健康問題をテーマにオリジナルな脚本を下手ながら何本も書いて、劇団部の皆さんに上演してもらいました。こうして地域の方がたと課題を共有しあうことによって、皆さんの健康に対する意識が変わっていきました。演劇は、とても大きなきっかけになったと思います。

劇『高すぎたレタス』

「父ちゃんのバカ、バカ……。母ちゃん死んじゃって……。これからどうしていくの……」（金作、茫然として立ちすくむ）～幕～

幕が降りると、農協の大会議室をうめた約２００人の観衆は、じっと目頭をおさえ、深くため息をつき、すすり泣く声も聞かれました。

病院劇団部による第1回の地域公演は、１９７９（昭和54）年3月16日、望月町農協婦人部の総会に先立っておこなわれました。病院スタッフが約30人、勤務をやりくりして健診車（マイクロバス）と大道具小道具を乗せたトラックで会場に向かい準備にとりかかります。にわか作りの舞台はせまくて動きも窮屈でしたが、かえって役者と観客が一体となって、大成功を収めました。

劇の内容は、農村地域のある農家をモデルに、夫婦の生活や古い健康観を浮き彫りにし、農協や地域の健康を守る運動を絡ませながら、ついに健康犠牲の悲劇的な結末がこの家庭を襲うというもので、脳卒中で母を亡くした高校へ通う一人娘が、病院の廊下で父親の胸を叩きながら嗚咽するシーンで幕となります。

方言丸だしのセリフで客席との一体感も高まります。若い劇団部員や、特別出演の婦長グループは、自分たちのまわりの農村地域がモデルになっているだけに熱の入れようが違います。「部落懇談会」のシーンなどはまさに地でいくやり取りでした。

『高すぎたレタス』の脚本には次のような背景がありました。

1977（昭和52）年の早春、3月末のある朝早くに電話が鳴りました。かけてきたのは知り合いの市会議員Mさん。「昨日、近所に住むまだ若いおばさんが、畑仕事の最中に倒れてそのまま亡くなってしまい、聞くところによると、少し前に分院（当時は佐久総合病院の分院であった）で検査をしたということだがどういうことになっているのか」という問い合わせでした。

調べてわかったことですが、このおばさん（当時43歳）は市の血圧検診で血圧が高いことをチェックされ、一度医療機関に行って診てもらうよう保健婦からすすめられていました。しかし、ずっと放っておいたため、未受診者として再度リストアップされ、半強制的に医師にかかるように指導され、農作業がやっと暇になったころ当院を受診、検査の結果は「心不全」で、できるだけ早く治療をするようにと指示が出されていました。

病院では、市の委託による検査であったので、受診者の結果をまとめて市へ報告しました。そして、市の保健婦はその報告書をもとに担当地区の受診者を順番に訪問し、具体的な指導に入りました。亡くなったおばさんの家へは一週間後に訪問する予定でした。その保健婦の訪問を待たずに逝ってしまったのです。死因は「心筋梗塞」でした。

残された家庭には、中2の女の子を頭に子ども3人、主人、それに寝たきりのおばあちゃん。農作業は今までの半分以下に減らさざるを得なくなりました。

お宅に伺って主人に聞いた話では「前から女房は調子が悪いと言っていたが、つい仕事の忙しさに追われ、医者に行くのをのびのびにしてしまった。あの日も朝から具合が良くないと言っていたが、レタスの植えつけ準備をやってしまわなくてはと、無理して畑に引っ張り出して、トラクターで畑を起こしているときのアッという間の出来事だった。土手の下でうずくまっているので、どうしたことかとあわててトラクターを降りて駆け寄ってみたら、もうほとんど虫の息だった。女房は俺が殺してしまったようなものだ」。

こういう話は今までにも聞いたことはありましたが、このケースは非常にリアルでした。そしてショックでした。農家の兼業化が急速な勢いで進んでいる最中、命や健康の大切さを横におき、「なんとしても稼がなくては」の時代でした。私たちはそのことに警鐘を鳴らしたかったのです。

そしてあの亡くなったおばさんには悪いけどモデルになってもらい『高すぎたレタス』という脚本になりました。命と引き替えにするのはあまりにもレタスは高くついたという意味です。

地域文化活動として

病院の労働組合が独自に劇団部を持ち、農村地域に出かけていって医療啓発の劇を上演するといったユニークな活動は、「農民・地域住民への医療啓発は、講演や指導ではない、宮沢賢治が言うように、自分たちで劇を作り、自分たちで上演することだ」という若月院長の下で、佐久総合病院が巡回健診にあわせて地域の公民館等でおこなった演劇活動です。娯楽のなかった戦後の農村においてはたいへんな好評で、医療啓発とともに大きな文化的役割を果たしたと言われています。

私たちの劇団部は、1969（昭和44）年に労働組合が佐久支部から独立し、小諸支部を結成すると同時に発足、以来、毎年欠かさずにオリジナル脚本の上演に取り組んできました。最初のころは院内芸術祭として、病院の隣りの与良公民館を会場にして楽団演奏やコーラス、舞踊などとともに入院患者さんや病院周辺の人たちを対象に上演していましたが、79（昭和54）年の『高すぎたレタス』地域公演をきっかけに地域での演劇活動が始まり、農協婦人部の総会、老人クラブ、地域医療懇談会等で公演してきました。また、有線放送むけに放送劇に書き直して放送し、好評だったこともありました。

高齢化社会の問題、とりわけ心身に障害をもつお年寄りを、家庭、地域でどうケアしていくかが大きな社会問題となってきた87（昭和62）年には、この現実を正しく見つめ、助け合い運動の住民世論を盛り上げていくことを目的に、どこにでもある題材を取りあげ、『いつか誰もが』（依田發夫作）

の上演に取り組みました。劇を観たお年寄りからは異口同音に「こういう劇を若い人に観てもらいたい、うちの息子たち夫婦を連れてくればよかった」などたいへん好評でした。こうした演劇運動は「老人の介護施設をつくる住民連絡会」の運動を側面から応援することにもなりました。

このほかに、環境破壊と健康問題を取りあげた『みず』（小林裕作）、江戸時代を舞台にしながらも現代に通ずる公害問題をとらえた『腑分け』（坂本和夫作）など、多くの創作劇を上演してきました。

また、88年には劇団部が中心となって、あの沢内村を舞台にした『燃える雪』の上演運動に取り組み、地域住民に大きな感動を呼んだことはまだ記憶に残っています。

演劇の公演を中心とした地域文化活動は、〝医療は住民のもの〟を目指す立場から、欠くことのできない活動だと思います。せまい意味での専門性の枠を越え、方言を使い、地域の風習に入り込み、地域の人びととともに地域文化としての医療を、つくりあげていくことにもつながっていくと思います。

年に一度、病院を全面開放して病院祭

第10回病院祭は、野岸小学校の吹奏楽団によるオープニング演奏で幕を開けました。農作業の一段落した1989（平成元）年11月11日の午前9時、病院の玄関前は、車いすや松葉杖の入院患者

さん、わが子の演奏を一目見ようと集まってきた児童の家族たち、それに400人の病院職員であふれるばかりの人垣です。数十名の児童が奏でる曲に観客の心は一つになり、いっきに病院祭の雰囲気が盛り上がっていきます。病院前の駐車場では餅つき、おでん、ワタあめ等の模擬店が開店し、近郊農家の協力を得て、無・低農薬野菜の青空市場もにぎわい始めます。病院内のホールでは、落語、寸劇、映画会等、盛り沢山の催しが繰り広げられ、土・日の2日間で約3000人の人びとが病院を訪れました。

受付から外来診察室の廊下は、NHKスペシャル番組『驚異の小宇宙』ばりのミクロの世界、そして今日話題の「環境汚染の問題」「エイズ」「高齢化社会の問題」等々、カラフルなパネルに熱のこもった専門家の解説が加わってにぎやかです。年に一度、農作業の一段落したこの時期に病院を全面開放し、地域の人びととのふれあいのなかから、本来あるべき医療の姿を見出していこうという企画です。

「他の病院でも病院祭を見せてもらいましたが、今年小諸の病院祭を見学して、地域と密着した病院祭はこれだと知りました。帰って秋田でもぜひ実現させたい、〝医療は住民のもの〟の看板はすばらしい」「実践保健大学、ボランティア教室など近くの保健婦、医師、看護婦、そして自治体で働く職員で取り組めそうな課題が見つかりそうです。ありがとうございました」(病院祭を訪れた他の病院の方からの手紙)。

「医療は住民のもの」という大看板が小諸厚生総合病院の正面玄関に掲げられたのは、昭和55年の第1回病院祭のときでした。協同組合を象徴する虹の上に浮かぶ八文字のスローガンは、開設20周年を機に「佐久総合病院小諸分院」から「小諸厚生病院」へと、名実ともに一人立ちしようという意気込みと、ともすれば高度化、専門分化していく医療のなかにあって、協同の力によって住民本位の医療をつくりあげようという、協同組合医療運動の原点を確認する勇気ある決断でもあったわけです。

病院開設20周年にあわせて開催された第1回の病院祭は特にメインテーマを設けず、各科の特徴を紹介する形でおこなわれましたが、第2回目以降は地域医療、救急医療、がん、B型肝炎、高齢化社会、食の問題等がメインテーマとして取りあげられ、特に第4回から第9回まで連続してメインテーマとなった高齢化社会の問題は、地域のなかでも大きく取りあげられ、「老人の介護施設をつくる住民連絡会」の運動、老人保健事業の実施率、さらに、病院におけるデイケアや老人保健施設実施計画にも大きな影響を与えました。

また、第7回から取りあげられた食と健康の問題は、第10回病院祭では「恐るべき自然破壊と地球汚染」として水、大気、森林、農薬の問題にまで発展しました。

病院祭は約3か月前から準備が始まります。実行委員の選出、メインテーマの設定、各科のテーマの決定、イベントの準備等、医局、看護婦、技術者、事務と全職員が二十数チームを編成していっせいに準備に取りかかります。

テーマの設定は、自分たちのおこなっている医療や先端技術の紹介、そして今日の社会・医療体制の矛盾についての問題提起、さらに、本来あるべき医療についての提案等の要素を盛り込んで検討されます。

病院祭での問題提起が実際の医療や運動に反映されることもたびたびありました。救急医療体制の確立、デイケアの実現、病院給食や学校給食への無・低農薬野菜の導入、健診事業の推進等はその代表的な例と言えます。

職員も生きいきと

テーマが決まると職場単位、チーム単位で学習し、資料収集に時間をかけます。パネル作り、模型やイベントの考案など仕事の合間をぬっての作業は遅々として進まず、いらだちがつのることもしばしばですが、チームメンバーの各自がそれぞれの役割を見事に演じ、ときとして隠れた画家や書家を発見することもあります。

病院祭の数日前になると各職場とも夜おそくまでの作業が続きます。病院祭は協同組合医療運動を追求する立場から、病院と労働組合が共催する形ですすめられ、プロフェッションの追求と運動論の展開とがうまくかみ合って、一年中でもっとも病院が生きいきとした時期になります。

このように、私たちの病院祭は、病院を開放し、医療のトピックスを紹介しながら医療や健康問題に関する啓発をはかるとともに、日ごろ病院を支えていただいている地域や諸団体の方がたとの交流を深めるというもう一つの大きな目的を持っているのです。

生活指導員会との共同活動

ＪＡの生活指導員さんたちとの連携は欠かせません。１９８７（昭和62年）11月の第11回「長野県地域住民大学」の分科会報告で、佐久地区農協生活指導員部会の小林妙子さん（北御牧村農協）がおこなったレポートを、少し長くなりますが引用します。

「農業協同組合の仕事のなかで、組合員や地域住民の生活にきわめて深いかかわりのある分野を受けもっている私たち生活指導員は、ともすれば経済団体であるという観念から利潤追求の経済行為を期待され、自らもその方向に走りがちです。しかし、社会の動きを認識したうえで地域のニーズにあった活動をしていくことが、協同組合の重要な課題であると近年とくに痛感しています。

そこで私たち佐久地区生活指導員部会では、83年に老人保健法が施行されたことをきっかけに、老人保健法そのものの学習会を定例会議のなかに組み入れ、小諸厚生総合病院の依田健康管理課長さんにお願いしてお話をききました。なんとそれまで私たちは、生活活動分野で働きながら、また、集団健康スクリーニングを中心にした保健予防活動にも携わっていながら、それと関係のある社会の動きには、ほとんど無知といっても過言ではないほど、認識不足でした。(中略)そんな折に、9月13日の日本農業新聞で『日本の農村部は中高齢者の増加が著しく進んでおり、国全体より20年も早く高齢化社会を迎えようとしている。農協組織、地域の諸団体など、あらゆる分野で、この問題を考えていくことが必要ではないか』、と提起された記事を読みました。

さっそく生活指導員の会議にこの問題を持ち込み、みんなで検討した結果、まず、それぞれが自分の農協管内で高齢者を対象に意識調査をおこなってみることにしました。(中略)

今回私が小諸・北佐久地区農協の生活指導員10人の仲間とともに、取り組んできた老人の介護施設づくりの運動を、住民運動へと発展させてきた今日までの活動を報告させて頂きます。

このなかで特徴的なことは、私たちがおこなってきた調査や実践活動を、毎年11月に開催される小諸厚生総合病院祭で発表してきたことです。そしてさらにそれらのパネルを、各々が持ちまわりで自分のところの農協祭に展示したり、県の生活指導員研修会で発表したり、村の健康を守る大会で発表するなど、住民意識の盛り上げ、世論づくりに大いに活用してきたことです。その上、大きな収穫として、この活動に取り組んできたなかで10人の仲間がそれぞれに協同組合運動者としてひとまわりも、ふたまわりも大きく成長できたということです。

82年に病院から生活指導員会に病院祭への参加を要請され、その年はそれまでやってきた減塩運動をテーマに参加しましたが、83年には高齢者の意識調査結果をまとめ、発表しました。そして84年に老人介護の実態、85年には特別養護老人ホームや訪問看護を見学しての感想を発表、86年には地域助け合い運動の提案、そして85年にはとうとう住民連絡会のみなさんと一緒に練りあげた『私たちが望む老人介護施設』の青写真を公開し、実際の間取りの模型を化粧ベニヤ板の上に発泡スチロールや画用紙をつかって作りあげました。」

また、長野県農協での生活指導員の草分け、番場さかえさんは、佐久地方の第1号として望月町の旧協和農協へ1961（昭和36）年に赴任されました。長野県に初めて6人の生活指導員が誕生したときの一人です。協和地区の組合員さんの家族が破傷風で亡くなったことをきっかけに、当時の大熊靖参事は「こういう事故を防ぎ、組合員の健康を守るためには生活指導員の力が必要」と、五味協志組合長を口説き、その願いが実現したものです。

その当時は私たちの小諸分院が開設された直後でした。協和農協からの依頼を受けて始まった破傷風の予防注射は、数年後には〝破傷風ゼロ県運動〟へと発展していきました。分単位で健診車が集落を巡回していく時は、そこにいつも台帳をもって一緒に飛び回った生活指導員の姿があり、このときからずっと30年間続いています。当院が地域でおこなった日本で初めての「直腸がん集団検診」や「破傷風ゼロ運動」と農協生活指導員との連携は、いまや病院の地域保健活動を語るとき、なくてはならないものとなっています。

農協運動を役職員の立場から積極的に推進していこうとする農協役職員連盟の組織は、いくつかの専門部会をもっていますが、長野県には厚生連を中心に各単協の役員、参事たちで構成する厚生部会があります。私たちが直接かかわっているのは北佐久厚生部会という地区組織です。病院の地域保健活動はこの厚生部会との連携、部会メンバーである参事たちとの人間的きずながどんなに重要か計りしれません。そして生活指導員たちが事務局をしている農協婦人部もまた同じです。

多様な活動や事業をこなす生活指導員

生活指導員たちも悩みをいっぱい抱えています。組合員の生活に密着した、組合員の気持ちをいつも農協のほうへ向けていくための活動をコツコツとやっていても、やはりいまの農協経営の枠の中では不採算・サービス部門として、上司からは見られがちです。その証拠には今でも生活指導員を置かない農協もいくつかみられますし、置いても兼務というところがまだかなりあります。自主性が生かされず、上司からはなかなか認められないと考えこみ、職場を去っていく若い生活指導員も後を断ちません。

生活指導員会に顔を出していると、お互いに励まし合う場面によくでくわします。キャリアがあり、もう上司にもどんどん意見を言える先輩指導員は、「私たちがやっていることくらい協同組合らしい活動はないいんだよ。夜も婦人部の会合に飛び歩いてさ。なんとか組合員の農協離れをくい止めようと必死になって頑張っているのに、指導員のやっていることは儲からないなんて言われて黙っていられますかって」と鼻息は荒い、若い人たちはこういうなかで鍛えられ、育っていきます。いちずに協同組合運動を考える彼女たちを、私たちは励ましながら、ともに歩み続けたいと思っています。

生活指導員たちは、母親学級のような啓発活動、集団健診のとりまとめ、食生活の指導、食材や他の生活資材の共同購入、保養、手芸などの生活教室、高齢者対策や子どもの教育と、実に幅広い活動や事業をこなしています。そのなかでも、前記レポートにあったこの数年来の高齢者問題への取り組みのエネルギーは目を見張るものでした。老人の介護施設づくりの運動が市町村単位に広がるとき、どうしても必要なのがその運動体の支部組織でした。一つひとつの支部づくりとできた組織の運営で、文字どおり縁の下の力持ち役を担ったのが生活指導員たちです。

87年、介護施設のモデルをつくりあげ、ついに行政が施設をつくる方針を決めました。第42回長野県農協大会で、「活力ある高齢化社会をつくる協同活動推進」の方針が打ち出されたとき、生活指導員たちは感慨深げに語り合いました。「この数年間無我夢中で過ぎてしまったね」「取り組み始めたあのころ、まさかこんなに早くこの時期がくるとは思いもよらなかったわ」と。私たちもこれからもずっと同じ協同組合運動の仲間として、心の通じ合う活動をしていきたいと思いました。

小諸・北佐久地区保健担当者連絡会

私たちは日常の地域保健活動をとおして、どうしても地域内にネットワークをつくることの重要性とその緊急性を痛感していました。本来住民のためにあるはずのさまざまな保健予防の事業が、実施する側の都合でおこなわれてはいないでしょうか。実施主体がそれぞれのもつ枠のなかだけで仕事をしようとしていないでしょうか。いろいろな立場にいる専門家が、お互いの経験や専門性を交流し合い、全体のレベルアップがはかれないか。そしてなによりも、常に住民の利益を第一義的に考え、そのための横の連携を取り合っていくことをみんなの申し合わせにしたい。そんな思いから、院内での討議を経て、この連絡会の企画が具体化しました。

「地域住民への健康教育・啓発活動が活発におこなわれ、保健予防に対する住民の要望が強まれば強まるほど、現実的にはそれへの対応が困難になる可能性が私たちの側にあります。それゆえ、この小諸・北佐久地域という一つの共同体のなかで、より合理的に、より総合的に住民の立場に立った健康管理の体制を考えていくことが急務となります。そのためには、それぞれの機関、組織の独自性を尊重しつつ小異をすてて大同につく考え方がなによりも必要であると考えます。

このようなことを基本的な合意点として、この地域のそれぞれの立場の保健関係者が意見、経験の交流をし、地域全体でなにか新しいものをつくっていくきっかけにしていきたい。そしてできれば、この会を恒常的なものにしていきたいのでご協力を」。こんな趣意書をもとに1976（昭和51）年5月、最初の「小諸・北佐久地区健康管理事業連絡会議」(のちの保健担当者連絡会）が小諸分院会議室で開かれました。

保健所や自治体の行政、なにかと口うるさい医師会などのあるなか、厚生連という公的医療機関ではあってもいわば民間の一病院の呼びかけで、このような集まりをもつことは冒険に等しいものでした。行政や農協や医師会などのそれぞれの長に文書を差し出すことと合わせて、役場まわり、農協まわりで担当者への趣旨説明を精力的におこないました。そして当日病院へ足を運んでくれた人びとは、小諸北佐久地区1市4町2村の全自治体から保健担当の課長や係長、保健婦たち、小諸保健所の予防課長、北佐久農業改良普及所の生活課長、各農協の生活指導員たち、小諸北佐久医師会から2人の先生、などでした。

病院からは院長をはじめ各科医長、総婦長、各科婦長、技師長やソーシャルワーカー、事務長、それに健康管理部のスタッフ全員が参加します。会議のあとは会費制の懇親会。緊張したあとはうって変わっての交流会で友好が深まります。楽しい世間話のなかで地域の担当者のみなさんと病院の職員との人間関係がつくられていきます。私たちは右手にビール瓶、左手にお銚子をもっての橋渡し役です。いつかは誰かがかってでなければならなかったこの役を、病院が少し出しゃばってやってよかったと思えるようになりました。

当初はまず顔のつながりをつけることが主目的でした。保健所や医師会の先生がたと農協の生活指導員が仕事の上で顔を合わせることはまずありえませんでした。それがこの会でできるようになり、「ああそうか、そんな大事な仕事をしていたのか」とお互いを理解し合う場ができたのです。そして回を重ねるごとに議題をしぼり、それぞれの取り組みの現状と経験を交流し合う場へと変わっていきました。

取りあげてきたテーマは、成人病健診の受診者をどう増やすか、住民の健康教育をどうすすめるかから始まって、組織の連携、住民組織の育成、健診の事後指導、退院患者の継続看護のルートづくり、老人保健法の問題へとすすみ、1986（昭和61）年の第10回からは連続的に在宅ケアのネットワークづくりを話し合ってきました。参加者からは、「よその話が聞けてとても勉強になる」「みんな頑張っていて元気づけられる」「思いが通じ合ってきた」などのうれしい感想が聞かれるようになりました。

それから数えて14年経ち、定期の年中行事として毎年2月に開催されるようになりました。そして、取りあげるテーマの移り変わりとともにこのメンバーに公民館、福祉事務所、社会福祉協議会、保健補導員会、農協中央会、農協婦人部などの代表にも、さらに86年からは第10回を契機に、健康にかかわる地域内の住民組織の代表にも参加してもらうようになりました。

北御牧村の全村健康管理

北佐久郡北御牧村は小諸市の西にある人口約５４００人の小さな村です。薬用人参と〝白ジャガ〟と呼ばれる強粘土質でできる味の良い馬鈴薯が名産です。この村は、村民の健康や暮らしを守る運動、村の発展を村民の手でという自主的な運動が、村内のあちこちで生きいきとおこなわれ、近隣はもとより県内でも注目される村の一つとなっています。北御牧村と私たちの病院が親密なおつき合いをするようになって15年が過ぎました。保健活動をとおしてです。この間病院の職員は、北御牧村にどのくらい足を運んだかわかりません。また村の人たちが病院へもです。

１９７５年頃の北御牧村は、国保医療費の増高で行政当局も議会も頭をかかえていました。いろいろな角度からの検討の結果、その改善策は八千穂村でなされているような、全村健康管理による健康な村づくりにあるとの方向づけがなされました。

そして、病院職員を一晩に十数人ずつくり出しての健康意識調査と啓発、健康を守る大会の開催や集落単位での健康管理推進組織のお手伝いなど、病院の保健活動に注ぐ力の多くを、北御牧村に注ぎました。

とくに大事にしてきたことは、行政の担当者が企画を立ててそこへ住民に参加してもらうような従来のやり方ではなく、できるだけ住民自身が自分たちで考え、行動していくような保健活動の仕方に、意識的に切りかえていくことでした。このなかで保健リーダーの果たす重要な役割を考え、たとえば保健指導員の学習は、健康な村づくり運動に参加することの意義や、自身の生きがいとどう結びつけるかなどに重点をおきました。また1983年から病院で農閑期の5か月間におこなう実践保健大学に大勢参加してもらい、保健リーダーの裾野を広げる努力をしてきました。

やがて母親連絡会のグループでは、農協の青年部や婦人部などの生産者組織に呼びかけ、低・無農薬野菜をつくり、それを学校給食に地元の安全なものを使う運動や、行革による学校給食のセンター一本化を阻止する運動がおきています。

北御牧村の健診結果の特徴は貧血者が多いことです。原因を究明するため、1986年、全成人対象に食生活実態調査がおこなわれました。この調査から貧血者群の食のあり方がその原因として浮かび上がってきました。貧血を改善するための個々への保健指導とあわせて、村をあげての「キビづくり作戦」が始まりました。鉄分やカルシウムを含むキビが、貧血改善に有効との村保健婦の発案から、保健指導員全員の畑にキビの種を蒔き、農協が精穀機を購入し、キビが各家庭の食卓にのりました。年々生産が上昇し、村の特産物となって県内外からの注文に追われています。

また1988年春からは、減反田を利用して大豆をつくり、村民が出資してつくった農産加工所で豆腐が生産され、〝みまき豆腐〟として郡内の農協生活センターからも引っ張りだこです。

また村のなかにできた御牧の湯の前庭では、7月から農家の人たちが持ち寄る野菜や花などの夕市が開かれ、いつも大賑わいです。こういう活動の主体はいつも住民であり、それぞれが「おらたちの手でいい村を」と協力し合っていることが、この村の良さです。

支援の依頼をうけた病院では全面的協力体制をとりました。毎年9月から全集落を巡回しての集団健康スクリーニング（長野県厚生連健康管理センターの集団健診方式）を実施しました。約20日間、毎日午後になると全職場から交替にスタッフが集まり、十数名の健診チームが編成され、機材を積みこんだ健診車に乗りこみ村へむかいました。私は毎回マネージャー役でした。

この健康スクリーニングを実施するには健診会場に1回行くだけではありません。健診日の一か月前から各会場で「部落懇談会」をおこないます。役場、農協、病院の三者が一チームをつくり、夜間、集落の公民館まわりをするのです。健診の意義や地区内におきる健康にまつわる話題を話し合い、健診申込みの事前宣伝をします。私たちはこの懇談会を住民意識高揚の重要な場と位置づけ、ただ健診会場に来てくれればよいということではないこと、自分（家族）の健康を守ることをしっかり自覚する習慣をつけ、健康な村づくりをしようと各集落でお話をするなどみな懸命でした。しかし農繁期の夜、仕事を終えてから農家の人たちに集まってもらうことは容易でありません。しかも話題が儲《もうか》る話ではなく、健康問題です。多く集まる集落と集まらない集落の差がでてきます。理由は区の保健補導員はじめ健康リーダーにどのような人がいるのかによる差です。ややおこがましいですが、私たちは人育てをしなければと真剣に考え始めました。

健診が終了して約20日後には同じ会場で報告会です。保健婦さんたちによるマンツーマンの結果説明と健康相談をおこないます。また村全体の合同報告会や健康大会には、病院労組の劇団部による自作劇を演じます。この劇の内容は、多くは村の人たちの豊かな健康観を育むことを目的にしたものでした。観る人たちの心に最も響いてほしいと思う場面、健康に生きることの価値に主人公が気づいていく場面で、舞台と観客が一体化するときの感動は忘れ難いものでした。

私たちはただ単に集団健診を受診する人を増やすだけでなく、健康やいのちの大切さを自覚して、自分から進んで健診会場に足を運んでくれるような人をどう増やすか、ということに力を入れました。つまり健康意識というものをどう高めるかということで、私はこれが健康を守る運動の基本だと思っています。

若月先生は日頃から「健康は平和の礎だ」ということを言われていましたが、平和な社会を築くうえで、人びとの健康、いのちを大切にする思想が土台となるべきだと説かれたのだと思います。

つまり、自分たちが人間らしく生きていくことの意味をきちんと自覚し、社会的にもそれが当たり前に通用する概念として確立することが大切です。しかし、日本の場合はいのちを犠牲にする戦争を許し、農家の場合は健康を犠牲にして働くということは当たり前と、そういう考え方が育ってきてしまっています。そこを根本的に変えない限り、人が人らしく生きていくことはできないだろう。そうしなければ平和も守れないだろう。こうしたことが私の基本的な考え方です。この場合、「健康」は単に病気でないといった狭い意味ではなく、社会的にすこやかな状態であることも意味します。

「健康」になぜ執拗にこだわったか。それは真の健康を獲得するためには、どれだけ多くの自分自身や社会とのたたかいをのり超えなければならないか。健康を阻害するものには、生活習慣や仕事、政治、経済さらに環境や因習、人間関係などたくさんの要因があります。その改善のなかでいのちを自覚し、子どもから高齢者までの健康を守ることのできる社会をつくっていく主体者となれるのではないかと考えたからです。自分自身のことを考え、行動するという最も身近で具体的な営みが、「健康権」（憲法25条）の自覚を深化させるものと考えます。私たち一人ひとりの健康を守ることは、平和な社会を築くことにつながるからです。

「実践保健大学」の開始

農協病院ですから、組合員や地域の皆さんの健康を守る運動を重要な使命として病院そのものが存在しています。日常的にさまざまな健康管理活動をおこなっておりましたが、もっともっと健康管理活動を地域のなかで、働き手となって進めていただける人がほしいという思いがあって、院内外の多くの皆さんにご協力をいただき、１９８３（昭和58）年「実践保健大学」を立ち上げることができました。

ここでは、いわゆる物知りを作るということではなく、私はよく「学んだことの証は変わること」とみなさんに申し上げていますが、自分が学んだことをどう地域のなかで生かすか、そういった人たちを増やすことを目的にしてずっとやり続けてきました。近ごろよく言われる地域づくりの運動です。内容は、10講座を、秋から次の年の春先にかけて実施するというものです。

そこで学んだみなさんが、小諸・北佐久郡1市4町2村の中に同窓会の支部を作り、具体的な署名活動や請願、市町村交渉などをやってくれました。

健康管理部の活動もこの農家の人一人ひとりが健康というものを大事にする考え方をもっと育て、まわりに広めてみなで健康を守る運動をする、そのために厚生連病院が役立つ、この構図を何とかして作らなければいけないという想いがずっとありました。健康犠牲は美徳、健康ということに対する考え方、命に対する考え方をみなが自覚するようなことをやっていかなければ、いつまでたっても農村の健康問題は解決しないだろうということが実践保健大学を考え始めたきっかけです。このことに厚生連病院として、地域での役割を果たそうということです。

このような健康を守る運動を地域で起こしていくには、役場の保健婦さん、農協の生活指導員さんそして病院のスタッフなどの人員では、どんなに地域を飛び歩いても力不足で、私たちと一緒になって、思いを同じくして地域のなかでいろいろいっしょにやってくれる人を増やすしかない、これが実践保健大学構想です。

修了者がこの地で1000人を超えれば相当なことが可能になるはずで、保健力、福祉力の底上げ、人づくり、組織づくりそして安心の地域づくり、その礎が実践保健大学である程度つくれるのではないかと考えました。

実践保健大学のその具体的な一歩である第一期の講義内容を決めるときには、保健婦さんや生活指導員さんに講義内容の要望を聞いて歩きました。その要望に基づきつつ私どもは主催する立場として、どういうものが今この時期この地域にふさわしいのか、それと群馬県利根の保健生協の中身を参考にしました。ちょうど病院祭のテーマを決めるときと同じです。病院として、地域のみなさんにお知らせしたいことと、地域の皆さんが知りたいこととピッタリあったものをテーマに選ぶ考え方です。第1期生の修了式の思い出ですが、修了式そして懇親会が終り、職員がトンネルを作ってたんぽぽの歌と拍手で送り出したんですが、送る方も送られる方も感激の涙なみだでした。やっと第1回がスタートできたという思いでいっぱいでした。

おこがましい言い方ですが「人づくり」があり「組織づくり」ができ、「地域づくり」へとつながっていく運動の原則的なあり方が、この運動で証明されたと思っています。

民主的な労働組合を目ざして

小諸支部従業員組合設立

協同組合と労働組合は、その目的において共通する部分が多くあります。そこで協同組合医療運動というものと医療労働組合運動は不可分のものとしてとらえ、それを医療労働運動の中心に据えることが重要です。

佐久病院で初代の執行委員長を務められた若月俊一先生は、従業員組合の設立当初から、このような考え方にもとづいて方針を掲げ、地域の人たちの健康を守る運動を組合の大方針としました。これが今でも長野県厚生連労働組合の活動方針として生きています。

佐久病院に対する地域の人たちのイメージは、「民主的な職場、民主的な病院」でした。私もそう思っていました。

私が入った小諸分院は、まだできて間もなかったこともあったでしょうが、どうもそうではありませんでした。まわりから見る厚生連病院の姿と中で働いてみた実感が違いました。とくに医師と一般職員との関係です。

当時、小諸分院は独立した労働組合ではなく、佐久病院の本院の組合のなかに含まれていました。そこで分院の民主化を進めるためには、労働組合が独立することがとても重要ではないかと私は考え、若月先生に相談して、なんとかその道を探ろうと考えました。

なぜ若月先生の所に相談に行ったかと言いますと、小諸分院の分院長は、若月先生の後輩で、若月先生の後、佐久病院の従組執行委員長をされていた方で、分院長として小諸に派遣されてきていました。

つらい思いもありましたが、若月先生に「どうしても分院長をこのまま続けてもらうわけにはいかない」「もっと職場を民主的にしなければ、働いている職員が、ここで働き続けられない。そのことは地域の医療運動にも大きく影響する」ことを訴え、何とか先生に分かってもらい、労働組合を独立したい思いを伝えました。若月先生は話を聞いておられたあと、「よく分かった。それは僕も賛成するよ」と言われ、最後に涙ぐんで私の手を握ってくれました。

長野県厚生連従業員組合佐久総合病院小諸分院支部（正式名称）ができたのは１９７０年6月です。これまでは小諸厚生病院は佐久病院から独立したものの、従業員組合は佐久病院のなかに組み込まれたままでした。どのような経過をたどって当組合が誕生したのか、当時の状況をふりかえってみます。

1968（昭和43）年6月、佐久病院従組支部第22回定期大会のあと、本院も分院もともに規模の拡大や、従業員の増加に伴い、従業員相互の意思疎通を欠く点が指摘されました。その後執行委員会および分院従業員の間で、次第に現行の病院運営や組合活動に対しての不備が検討され始めました。すなわち、いまや独立病院としての機能を備えるまでに成長した小諸分院に対して、執行委員会としてもその全ての運営に関与することは困難となっていました。分院でもいまだ自主的、民主的組織の確立がなされておらず、現状のままでは今後の推移が危ぶまれ、分院従業員の意思の反映や積極的な病院運営への参加意識が育たない、との情勢判断がなされました。

昭和44年3月、執行委員会の席上で、若月院長から、「小諸分院に従業員の総意による民主的組織が確立されるならば、相互に自主性を尊重しつつ本院・分院間に、より一層緊密な連携が保たれるだろう」との発言があり、以後急速に具体化への検討がおこなわれました。

昭和44年5月29日、執行委員会において小諸分院を直ちに独立した厚生連従組の支部とするか、分会とするかについての討議がなされました。

これより先小諸分院では、全員会議において従組支部結成の意見が多く、その意向が席上のべられましたが、執行委員会としては内外の情勢からにわかに支部結成へ踏切ることは時期尚早との見方が強く、再度分院従業員の意向を確かめることとしました。直ちに小諸分院の全員会議にはかられ、討議の結果、分会設置ということで意見の一致をみました。

昭和44年6月14日、第23回佐久総合病院支部定期大会において、6月1日から分会設置のことと、昭和45年度までには長野県厚生連従組小諸分院支部として独立することの議案が提出され、満場一致で承認されました。

昭和44年6月27日、小諸分院の各部門より選出された準備委員により第一回準備委員会がおこなわれ、規約、予算、活動方針、役員選出、結成大会日程などの草案がつくられました。

昭和44年7月3日、本院における執行委員会の席上、分会結成大会ならびに規約等に関する草案が承認されました。

従業員組合小諸分会結成大会議案（昭和44年7月16日）

1969（昭和44）年7月16日、小諸分会結成大会がおこなわれる。ここでの活動方針は、現在あるようなスローガンを基本に、とくに①本院分院間の連携を一層強化し、地域住民の医療を守ろう、②分会における専門部活動をもりたてよう、の二つの方針を決定した。

小諸分会成立宣言

私たちが久しく待ち望んでいた小諸分会は、本日ただ今私たち全員の決意の下に成立した。

私たちは今後の組合活動を通じて、全従業員の生活をより安定させ、文化をより向上させるために努めよう。

全従業員が心を一つにして農村医療の確立と地域医療の向上に貢献すべく、院内の近代化と民主化を進めよう。

更に政府の医療、労働、社会、その他全ての政策にも目を向け、反動政策を打ち砕こう。

私たちの分会を如何に育てるかは私たち組合員一人ひとりの責任である。出来るだけ立派に強く育てよう。

絶えず目まぐるしく変わる世界情勢に取り残されぬよう視野を広くし、豊かな判断力を養い、たくましい実行力を身につけ、他の民主的な諸団体と共に手を取り合って、世界の平和と全人類の繁栄と幸福のために貢献できる、すばらしい組合を育てよう。

私たちはここに小諸分会成立を宣言する。

このときかかげた活動のスローガンは、佐久病院支部の方針をうけつぎ従業員組合の経営参加をもとにして、

一、従業員の生活の安定と文化の向上

一、病院内の徹底的民主化

一、佐久地方人民の保健の向上と医療の民主化

一、農村医学の確立

一、他の民主団体との提携

昭和44年7月16日

長野県厚生農業協同組合連合会従業員組合佐久総合病院支部小諸分会執行委員会の下に組織部、情宣部、文化部、体育部、劇団部、音楽部の6専門部を設けました。

6つの専門部を中心に活発な組合活動がはじまり、支部としての条件が整っていきました。昭和45年6月14日に開かれた第20回長野県厚生連従業員組合定期大会で、小諸分院支部の独立が承認されました。

全組合員が必ずどれかの専門部に所属することを原則にして、各部活動は活発に開始されました。乾いた土に水が吸いこまれるように、毎夜どこかの部が会議をもつような計画がくまれ、運動がすすみはじめました。

医療は患者・住民とともに

医療労働者は、人間の生活を豊かにし、社会を発展させていく一番の基礎になる人間の労働、その労働力を保障する一人ひとりの生命と健康を守るというもっとも崇高な、社会的使命を担っています。私たちの運動は、絶えずこのヒューマニズムの精神が基本になっていかなければなりません。そのことは現実の問題としては当然地域とのつながりをぬきにしては考えられません。医療は、この地域住民のためにあるという立場、医療技術者が、そのもっている技術を誰のためにどう生かすかを考え続け、そういう方向で全組合員が一致できたならすばらしいと思います。

また、組合員の諸要求を実現していくうえで、「生の要求」を大切にしていきます。組合運動は要求から出発するという大原則を忘れると「執行部まかせ」に陥りやすいものです。自分たちの出した要求が、現実的に実現できない場合、それはなぜか、というところから次の運動、質の高い運動へと発展していくことになります。

「患者・地域住民とともに」のスローガンのもつ意味が、一人ひとりの組合員に理解され、実践されるとき、私たちの組合は、大きな飛躍をむかえることになるでしょう。

医療改善運動

医療改善運動は、医療を患者・家族の立場にたって考え、実践する運動です。高度経済成長の波に乗って景気が上向いていた1965（昭和40）年代、医師や看護婦に対する患者さんからの贈物が半ば公然化し、エスカレートしていった時期に、労働組合では「贈物をもらう立場が恒常化してしまうことは、治療者と患者・地域住民とが平等の立場に立つという医療民主化の原点をも見失う危険がある」として、病院全体で「贈物廃止運動」の大キャンペーンを繰り広げました。

医療改善運動は、医療産別の労働組合で開催する医療研究集会と連携しながら、先進的活動を病院に持ち帰り、独自の工夫を加えながら実践に移してきました。その主なものとして、適時適温給食、食器の改善、特別メニュー、無低農薬野菜の導入など多くの活動に取り組みました。さらに、待ち時間改善、ベッドサイド看護、救急医療体制の確立、在宅ケア、服薬指導など職員の工夫と努力次第で改善できるものはどんどん取り入れ、労働組合で進めてきた運動を病院と共同して取り組んでいくことが多くなりました。

こうした医療改善運動が前進した背景には、病院と労働組合の代表で構成する「医療改善委員会」の設置があげられます。労働組合や各職場からあがってくる意見、それに患者アンケートの結果などを分析し、実現可能な事項についてはその実施について病院と労働組合が全面的に協力していくシステムが必要だったからです。

経営参加の実践

労働組合の大会議案書の冒頭に〝われわれのスローガン〟として「組合員の生活と権利・文化の向上」「病院内の徹底的民主化」「地域住民の保健の向上と医療の民主化」「農村医学の確立」「民主団体との連携」が掲げられています。これは、労働組合結成以来一貫して医療の民主化を目指す課題と労働者の生活と権利を守る課題を運動の基調としてきたことを示すものです。農民・地域住民により近い立場の労働者が、住民の医療ニーズを汲みあげ、要求実現の運動として実践を積み重ねつつ、病院の運営方針に盛り込む努力がなされてきました。運動の実践が逐次業務化されていく過程の裏には、この民主的な経営参加のあることを見逃すことはできません。

労働組合を変えた住民アンケート

私たちは病院の体質をより民主的な職場にしていくために、内部の力だけでは限界があるので、近隣の組合や地域の人たちの力をお借りしようと考えました。今にして思えば協同組合の病院として当たり前のことだと思うのですが。そして、日本医労協（現日本医労連）がはじめた医療改善運動に参加し、１９８６（昭和51）年に「患者・住民アンケート」というものをおこないました。多分、全国的にも初めてだったと思います。

つまり地域の皆さんの声にもとづいて病院の民主化をしていこうと考えたわけです。小諸市を中心に近隣市町村のみなさん１０００人の方から病院への要望や意見をお聞きしました。ちょうど今頃の寒い時期でしたが、夕方、仕事が終わってから二人一組のチームを組んで一軒一軒訪問して、病院への要望や意見を聞いて歩きました。

そしていただいたご意見をすべて収載した冊子を作り、全組合員にテキストとして配布して職場討論を始めました。

年が明けた春の組合大会では大変な議論になりました。地域の人たちのいろいろなご意見が載った冊子が一人ひとりに届いているわけですから、否が応でも自分たちの仕事と向き合わせながら読む、一人ひとりがみんなそういう場面に直面しました。

組合大会のときに、内科の医師の組合員から「これは組合の分裂につながる」「仲間どうしで反目しあうようなことがおきて、これでいいのか」といった意見が出て、それに対する賛成意見も出ました。そのときに、副執行委員長で組織部長をやっていた、このアンケート調査の責任者だった外科の医師が「いまこのいただいた地域の皆さんの声を私どもがどう生かすか、これに真剣に応えるかどうかが、これからの病院の姿を決めることになるんだ」「本当に大事な宝ものとして、謙虚に受け止めようではないか」と壇上で涙を流しながら訴えました。アンケート活動は、小諸分院がほんとうに佐久病院らしく成長していく重要な契機になったのです。

夜、一軒一軒を訪問して「住民アンケート」

このアンケートを一つの出発

点として病院のなかは少しずつ変わり始めました。患者さんに良い医療を提供するには高度な学問的水準と技術が基本です。しかし、それだけで患者さんが納得するかと言えば、そうではありません。医療を提供する側と受ける側との間の信頼関係、人間対人間のシンパシーが大切です。私たちのおこなってきた医療改善運動は、それへの気づきを一人でも多くの職員に広げる、内発的運動であったと言えます。休日・夜間の患者受け入れ体制を充実させる、朝の診療開始時間を早める、患者さんへの言葉づかいをなおす等々、職場単位の改善目標が次々に決められ、定期的に開かれた院内医療研究集会では、それらの目標に対する実践の評価を集団討議で話し合いました。この活動を経年的に、しかもアンケートを2年に1度ずつおこなうなかから、病院に一つの新しい流れが出てきたことを私たちは実感し始めました。

労働組合が地域医療懇談会で種を蒔く

1978年から労働組合が病院の協力もえて「地域医療懇談会」を開催するようになりました。医療を提供する側と受ける側が、同じテーブルで地域の保健や医療のことを話し合い、それを住民本位の姿につくっていくために協同の運動の目標をかかげ十数年になろうとしています。

アンケート活動は病院を立て直す有力な口火となりましたが、私たちはこれを一病院内の出来事としてとどめておくのでなく、この経験のなかに貫かれている大事な本質――医療を提供する側と受ける側が一緒になって医療問題を考えていく――をもう一歩突っこんで追求していこうと考え、そこから始まったのが「地域医療懇談会」です。

患者・地域の人たちと保健・医療全般についてもっと積極的に話し合いをし、そのことをベースに健康を守る共同の運動を、地域のなかに起こしていこうと考えたのです。昭和52年12月、第1回「健康のつどい」が開かれ、これが地域医療懇談会へと発展していきますが、この当時、私たちの知る範囲ではお手本もなく、まったくの手づくりで呱々《ここ》の声をあげました。

第1回から第5回までは、主に健康管理活動を地域でどうすすめるかをテーマとする「健康のつどい」でしたが、1977（昭和57）年の第6回からは「懇談会」として、それまでの討議内容を大きく変えていく、組合が思い切って地域へ目を向けていく転機となる集会になりました。

77年4月3日の与良公会堂には、もう農作業が忙しくなってきたなかを、数十名の人たち――地域の婦人団体連合会、老人クラブ連合会、農協婦人部、生活指導員会、民生委員会、区長会、労組民主団体の代表――が集まってくれました。「救急医療」と「老人保健法」がテーマでした。そのとき国会に法案として出されていた老人医療費の一部有料化をめぐり、討論は熱気をおびてきました。主催者である労組は、その立場からしても、「有料化がおこなわれれば、その後の医療保障制度の行方にも大きな影響を与えることは必至。有料化はよくない」とする判断をもっていました。ここに至るまでには反対の署名運動など、さまざまな大衆行動を地域でくり広げていました。ですから参加した住民の意見には大きな期待がありました。しかし、その期待は、見事にはずれ、有料化やむなしとする意見が多く出されたのです。

いままで労働組合が、組合なりの大義名分をかかげてやってきたことが、実際には住民によく理解されていない、人びとの心を動かすような運動にはなっていなかった、そのことを思い知らされた労働組合は、深刻な反省を迫られました。そして半年以上にもわたる議論のなかから、絞り出すようにして出した結論が〝草の根居住地活動〟でした。組合員が自分の住んでいる所で、まわりの人たちともっと親しくつき合い、細やかな人間関係を縦横につくっていく、なんでも話せる仲間をいっぱいつくる、そんななかから地域の健康を守る運動を積みあげていこう、という息の長い方針です。

病院職員の居住密度の高い集落から、そこに地区ぐるみの「健康を守る会」を結成していく準備が始められました。病院の独身寮がある東小諸区がその第1号となりました。居住地職員（実は私依田）を窓口に、1年の準備期間を経て、区の役員会で「健康教室」を毎月、区の事業として開催していくことが決められました。月々のテーマを区の衛生部長と相談して決め、全戸へ回覧がまわり、開催日には勤務を終えた職員が公民館へかけつけ準備をします。テーマごとに病院の専門スタッフも出かけて勉強と話し合い、区内にある寮にいる看護婦も交替で参加し、地域の人たちとの交流を深めます。2年、3年と続いてくると病院へのきびしい注文も遠慮なく出てきますし、私たちの方も歯に衣を着せず健康のことがなんでも話せるようになります。職員・組合員が、自分たちの住んでいるその場所で、まわりの人たちの健康意識を高め、健康づくりをとおしての地域づくりにかかわっていく、居住地活動はこんな根気のいることを承知のうえで始めたのです。

すでに13年続いてきたこの「地域医療懇談会」は、なんとさまざまなドラマをつくりだしてきたことでしょう。組合の居住地活動、老人の介護施設づくりの住民運動、そして病院給食や学校給食に地元の無（低）農薬野菜を取り入れる、食糧と健康と農業を守る運動。その一つひとつが、どれも私たちの組合を鍛え、組合運動をひとまわりもふたまわりも大きくし、協同組合における労働組合運動のあり様を探る重要な試金石となってきました。

またそれは、直接的には労働組合の活動でありながら、そのまま病院の、厚生連病院としての特徴を遺憾なく発揮するための貴重な場づくりともなってきました。

地元の農協組合長会や農協中央会支所の共催をいただくなど、地域の人びとに支えられ県内でも例をみない、特色ある懇談会となってきたその過程は、しかし、決して平坦ではありませんでした。スタートは、病院の暗いトンネルを抜け出す光明探しからでした。

労働組合結成20周年式典でのあいさつ

1989（平成元）年9月2日におこなわれた労働組合結成20周年記念式典で、現役の花岡利安執行委員長は次のように挨拶しています。これが労働組合の地域医療にかかわる姿勢を端的に表わしていますので紹介してこの節のまとめとします。

「本日はご多忙のなか、当労働組合の結成20周年記念式典に多数ご参集いただきありがとうございました。1969年10月に長厚労佐久支部の小諸分会として独立して以来、満20年が経過いたしました。この間、生みの苦しみをともに分かち合い、支部結成後も多くのご指導をいただいた佐久支部の先輩のみなさん、長厚労・医療産別でともに闘った仲間のみなさん、そして地域で私たちを育てて下さった多くのみなさん、さらに、深い理解と協力を惜しまず、ともに民主的経営参加と協同組合医療運動を推進していただいた病院の指導者のみなさんに心より感謝いたします。顧みますれば、1970年代に病院を襲った経営危機を組合員一丸となってのり越えたこと、そして病院民主化の闘い、さらに、1980年代に入ってからの中曽根医療臨調との闘い、こうした闘いの教訓から私たちは小諸支部としての労働運動のあり方を模索してまいりました。

そして今日『患者・地域住民の命と健康を守る運動』と『労働者の生活と権利を守る運動』を車の両輪に据えて、民主的経営参加のもとに活動を展開しております。今日の医療労働者のおかれている状況は、人の命を預かる崇高な職業にふさわしい環境とはかけ離れております。半ば慢性的なスタッフ不足、長時間労働、異常に多い夜勤回数、極度の緊張と慢性疲労のなかで、決して健康で文化的とは言い難い生活が続いているのが現実かと思います。こうした厳しい状況のもとではありますが、今こそ、先輩諸氏が情熱を傾けて築き上げた厚生連医療運動の精神を受け継ぎ、地域の皆さんとともに、本来あるべき医療を、そして住みよい地域社会をつくっていくべき正念場の時代であると思います。高齢化社会の進展は疾病構造の変化を来し、医療供給システムが大きく質的転換を求められている今日、私たちは、お年寄りが生まれ、育ち、ともに生きた地域のなかで安心して生活できる条件を求めて在宅ケア活動をおこなってきました。こうした経験から、いわゆる寝たきり老人と言われるお年寄りのなかには、寝かされ老人、寝たふり老人がかなり多く含まれていることがわかってきました。人が人を人として遇することができない現実、また、人が人として生きることを放棄しなければならない悲しさ……、こんな社会がいつまでも続いてよいはずはありません。医療技術の進歩と組織の巨大化は医療の現場において専門分化を招き、ともすれば私たちは狭い意味での技術主義に陥りがちです。いま私たちに求められているものは良きスペシャリストであると同時に、ジェネラリストとしての社会変革に挑戦していく道であると信じています。20年という節目の年に当たり、歴史の重さを認識し、先輩諸氏の情熱を受け継ぎ、未来を切り開く新たな労働組合運動を求めて、さらなる前進をしてまいります」。

機関紙「かわら版」から

小諸厚生病院は分院時代の1966（昭和41）年から、院内報として毎月一回「かわら版」を発行し、69年の第18号から従業員組合機関紙として発行されるようになりました。「機関誌の定期発行は活動の源」と位置付け、途中「主張欄」をもうけ80年から掲載。メインテーマは執行委員長が、「主張」は主に書記長が担当しました。内容を見ると、古さは歪めませんが、当時力を入れて取り組んだ思いがよみがえってきます。

事実を正しく捉えよう―田中内閣の発足にあたって―

7年8か月続いた佐藤内閣は支持率が20％をわるという最低の不人気のなかで退陣し、代わって田中内閣が発足しました。自民党総裁選での何十億円という現ナマの黒い噂を全く無視するかのごとく、田中首相は新しいポーズをとって国民の前に現れました。そして地に落ちた自民党の人気を回復しようと、「日中復興」、「日本列島改造論」の二つの目玉商品を並べ、国民の目を反自民からそらそうと懸命です。このなかで田中内閣はいくらかでも進歩的な政策をとるのではないか、という淡い期待が私たちのまわりに生まれてきています。もちろん日中問題での姿勢は支持するものですが、そのことのみから「今までと違った政治が始まる」ような錯覚は厳にいましむべきでしょう。いくつかの事実を厳格にとらえ、判断していくことがいま非常に大切であると考えます。

「田中ブーム」はつくりだされたもの

六十年の安保闘争で岸内閣が倒れ、「所得倍増」政策を打ち出して、２９６議席を獲得した池田内閣の先例は私たちの記憶に新しい。マスコミを総動員して新内閣に対する期待を、世論としてつくりあげてしまったあのやり方は、そのまま今度の田中内閣にも生かされています。田中首相の個人的生いたちとか、「昭和太閤」的立志伝を前面におしだし、官僚政治の典型としての佐藤政治に対立する、庶民政治をうりだそうとしています。総裁選での反佐藤的姿勢は国民の自民党への目を巧みにそらすことに成功しました。しかし、あの悪政をおしつけた佐藤首相のもとで、自民党幹事長を五期、大蔵大臣と通産大臣を歴任した佐藤政治に、最大の責任を負うべき人物こそ田中首相自身であることを、私たちは忘れてはなりません。

日中国交回復と日本列島改造論は、今まで全野党が自民党政府に要求してきたことを実現した点と、過去の高度成長経済に対して一見批判的な目を向けたかの如きそぶりを見せた点で、一部の党を除いた野党が明確な態度を示しえないでいる現状にあります。このことは田中ブームを支える側面的な要因にもなっています。いま日本中の本屋に、「日本列島改造論」が高く積まれ、飛ぶように売れています。あまり売れるので「そんなに売れる本なら俺も読んでみるか」と田中首相が言ったという（7月30日朝日）官僚の作文ですが、このなかには新たな日本の独占資本の要求がうちだされています。巧妙に演出されたブームに私たちは警戒の目を緩めることはできません。

日中国交回復と日本列島改造論の問題点

日中国交回復の基本は平和五原則（領土主権の相互尊重、相互不可侵、内政不干渉、平等互恵、平和共存）によるべきです。今までの国交回復をさまたげてきた最大の障害が、台湾問題――自民党政府がアメリカの言いなりになって中国の内政に干渉してきたことでありました。一方、日本の民主運動に対する中国側からの干渉もやめさせるようにしなくてはなりません。これらの問題が解決しない限り、真の国民的友好は発展しないでしょう。台湾問題の根本的な解決の方法と、先日のニクソン大統領とのハワイ会談で、田中首相が安保条約の堅持を約束してきたことは（特に極東条項で）大きな矛盾を生んでいます。

日本列島改造論は高度成長の行きづまり、円の切り上げなどによる不況の長期化によって、日本経済の将来への不安と危機感が表面化してきたなかで、太平洋ベルト地帯の超過密化が公害と環境破壊を拡げ、これ以上この状態を続けることがもはや不可能になってきたことから生まれた独占資本の要求でした。財界は国の責任と資金で引き続き利潤追求のための新しい工業再配置の政策を要求し、これを忠実に実行しようとしているのが、日本列島改造政策です。今年の4月24日に経済同友会が発表した「新しい国土建設への提言」の内容、木川田一隆東電会長の「日頃考えていた政策がすべて出ている」という発言（中央公論9月号）はそのことを明白に物語っています。国民の夢をかきたてようと、どんなに粉飾してもその正体は大資本の今後の繁栄の道を保障する何物でもありません。

澄んだ目で社会を見よう

田中内閣が発足して最初に手がけた仕事は公共料金（運賃）の値上げであり、消費者米価の値上げも決めています。世界政治の焦点、ベトナム問題では9月19日の政府統一見解に見られるように、アメリカがベトナム侵略戦争のために日本の基地を利用することは当然であるという立場をはっきりさせています。また過去何回かにわたって潰されてきた小選挙区制、健保改悪などの法案を再び国会に出そうとしています。これが反動政治でなくてなんでしょう。「田中新内閣で新しい日本の出発を」などと言う甘言に私たちはまどわされることなく、その持っている本質を正しく見極めていくことが総選挙を前にしてとくに重要です。

〈35号（１９７２年）〉

厳しい経済情勢と病院の対応

昨年春のある新聞にこんなルポ記事がのっていました。

「町はまだ寝静まりあたりは真っ暗な午前5時、新宿職安高田馬場出張所近くの東京・新宿区百人町四丁目の路上には、つぎつぎと職を求める労働者が集まってきます。そのなかの一人（45歳）

の声、「毎日かよっているが、さっぱり仕事にありつけない。昨日は仕方なく血を売ってきた。400ccで1400円だが、それも月一回がやっと。いま働かなければ正月は残飯あさりでもしないと！」

政府統計による失業者は103万人と発表されていますが、これは、「完全失業者」、つまり1週間のうち一時間も働かない人の数で、実際には400万人の失業者（潜在失業者も含めると1000万人とも言われる）が現在日本にはいるとみられています。

私たちの近辺はどうだろう。正月に「出稼ぎによる健康障害」の調査に歩いて、農家の出稼ぎ者の数が激減しているのに驚きました。何年も続けて働きにおこなっていた職場が今年は断ってきたとか、年齢制限が厳しくなってしまったとか、また、このあたりの下請け工場で働いている人に本社工場（京浜地方など）に転勤を命じ家庭の事情などで拒否すると、それを見越してですが、会社の都合に合わないからやめてもらうといった人員整理がおこなわれています。労働組合の年末一時金闘争で妥結額5000円というような事業所がいっぱいあります。

さて、このような戦後最悪の事態といわれる大不況を私たちが全体的にどうとらえ、医療の現場でどう対応して行くべきか、考えてみましょう。このことは正しい労働運動の発展にとっても非常に重要なことですから。

まず、今回の不況の第一の特徴は、戦後の日本経済が経験した不況のなかで最も深刻であり、第二に石油危機をきっかけとする世界的同時不況であることです。従っていままでの日本の不況は、輸出を伸ばすことによって切り抜けるのが常套手段でしたが、今回はそれができません。

第三の特徴は消費者不況といわれるとおり「節約は美徳である」というキャッチフレーズによって、国民の消費者生活が極度に抑制され、その結果が生活資材の生産をおさえ、機械産業の不振をさそうことになっています。

第四の特徴は、不況がインフレと結びついていることです。いわゆるスタグフレーションです。これは公取委の指摘のように、日本の物価高の原因は大企業の価格操作にあり、不況のために売れ残る商品がふえているのに価格が下がらないのは、大企業が近い将来価格上昇を見越して在庫品を持ちかかえながら、相変わらず価格操作をしているところにあります。

このようなどんづまりの事態に対処するために、国は部分的な景気浮揚策をうちだしています。一つは公共事業の拡大であり、二つ目は住宅建設の促進、そして三つ目は公定歩合の引き下げです。

しかし、これらの政策を推し進めるための財政出動の裏付けはどうでしょう。国も自治体も税収の落ち込みによって、最悪の財政難に見舞われています。3兆6000億円という歳入欠陥は、1975（昭和50）年度予算の17％にも当たります。これを、国債を発行して賄うというのですから、当然、「赤字国債」は日銀に流入し、国債と引き換えに日銀券が乱発され、インフレはまた新しい段階に入っていくことになります。そして一連の公共料金の値上げです。高度経済成長の上向きエスカレーターは完全に下向きに転じ、それがいつまた上向きになるかという見通しは全くありません。日本の戦後経済のなかで資本主義体制を支え、延命させるために取られてきたもろもろの策も今回は、そう簡単に通じないのです。

76年度政府予算案はそのことのきびしさを端的に証明しました。1月6日の信毎は、「高度経済成長の終えん——減速体制への移行」のなかで後退が許されない福祉の充実……。厚相はこういった二律背反の環境下での福祉予算編成の難しさを、いやというほど味わったに違いありません。とにかくわが国の二本の柱である「年金」と「医療」で、これほど受益者負担の原則が前面に押しだされたことはかつてなかった、と報じています。

老人医療の有料化が一年見送りになったとしても、それへの布石は完全に敷かれました。医療費の患者一部負担金のアップは、国民を医療にかかりづらい状況に追い込むでしょう。

これから私たちが何をしなければならないでしょうか。一つは不況を大企業の経営悪化として捉えた大企業本位の不況対策でなく、不況を国民生活の困難として捉えた、労働者、農民、中小零細業者の生活防衛の不況対策に転換させる運動を、広範な国民の中に盛り上げていくことと、もう一つは医療の現場で、私たちを取り巻くこの全くきびしい現実を、一人ひとりの組合員が正確に把握し、住民や患者さんの医療に対する要望を協同の力で実現しながら、病院そのものをこの荒波のなかで守っていくという大運動を展開していくことです。一部労働組合運動のなかにあった「物取り」

主義はもはや破綻し、国民のおおかたの要求を実現して行く方法と合致した労働組合運動、国民本位の政治への政策転換を進めていくための労働組合の指導性こそが今求められています。中央執行委員会での春闘基本構想の討論もこの点で一致しました。時間さえ勤めれば給料が入る式の考え方は通用しません。どんなに苦しくとも知恵を絞り、力を出し合って団結していくこと以外に道はありません。その試練に耐えたものの味わえる喜びが、必ず私たちを待っているのです。

〈54号（1976年）〉

組合大会に向けて

第8回の小諸支部定期大会が6月4日に開かれます。この大会を前にして、あらかじめ組合員に明らかにしておくべき点を提起してくれないか、との編集部からの注文がありました。もともと大会で討論すべき内容は議案書にもられるわけですから、多くを必要としませんが、①大会は組合にとってどんな意義があるのか、②今年の大会の討論はどんな点に重点をおいたらいいのかなどについて簡単に記します。

大会の意義

まず、すでに全組合員に周知のことですが、大会は組合の最高決議機関であるということです。

私ども厚生連従業員組合はユニオン・ショップ制（職員＝組合員）をとっていますから、全従業員が大会に参加する義務があります。義務というのは……しなければならない……ということです。そしてこれは、あくまでも組合員としての自覚にもとづいてです。この点について今まで軽く考えていた組合員はぜひ考え直していただきたい。なぜなら、大会でおこなうことは①前の大会からの一年間の組合の全ての活動についてのまとめをし、良かった点とそうでなかった点を明らかにしていく。これは執行部から提出する原案をもとに全組合員が討論に参加し、決定していきます。したがって活動の内容が豊富であればある程、またいくつかの問題点があればある程、討論は活発になるはずです。そして活発な討論の前提になるものは、組合員一人ひとりの自覚的意識の有無です。「シャンシャン大会」というのは決して誇り得るものではありません。

次に、②この総括を土台にして、次の大会までの活動方針を決めます。新年度の組合の諸活動はすべてこの方針が基礎になるわけですから、大変重要なものです。大会で決定されたことは全てに優先します。これでみんながやっていこう、という内容のものですから、みんなが納得して決め、決まったことについては全員が責任を持たねばなりません。私たちが社会生活をしていくとき、どんな場面にも、一定の規律、ルールというものがあります。それを守れない人間は社会からはみ出してしまいます。組合には組合のルールがあります。組合員としての果たさねばならない責任が存在することは厳然たる事実です。そういう自覚を持った組合員がどれだけ多くいるかによって、その組合の本当の力量が決まってくるといえます。

③としては、ここで決定した方針を実行していくための機関車（執行部）を選出することです。方針は決まっただけでは役に立ちません。それをどう具体的な活動にしていくか、組合員全体のものにしていくかは、執行部の責任に負うところが大です。全体を見とおしながら理論的にも実践的にも、組合員の先頭にたって働く役員を選び出すことは、大会の重要な任務です。

以上三点が、大会でおこなうことの主要な内容です。

何を討論し、決めるか

大会での三つの大きな柱は前項で記したとおりですが、特に今年の大会ではどんなことに重点をおいて討論したらいいのか、少しふれてみます。

まず総括部分では、二本柱の活動についてです。つまり、医療を真に患者、国民本位のものにしていくために、その障害となっているいくつかの矛盾をとりはらっていく外的運動と、従業員の生活を守り、地域の医療を守る砦としての病院。その経営を守るための内的努力、この運動がこの一年間どうであったか、という点です。

経営上のピンチをきりぬけることをいわば「至上命令」としてやってきたさまざまな努力、それに伴ういくつかのいい点とそうでない点、組合の経営参加の基本問題、親切でよい医療をめざす運動の到達点、健保改悪闘争や地域医療アンケートの運動、院内民主化や専門部活動の問題等々、私どもの組合をいっそう高め、強固なものにしていくという前向きの姿勢での討論をぜひお願いしたい。そしてこのなかで、とくにお願いしたいことは、これは執行委員会の総括討論のなかでもかなりの時間をとって話し合われたことですが、組合員個々の「自覚」の問題です。労働組合運動が何をめざすかという基本的観点と、そのうえにたって一人ひとりの労働者がいま何をしていかねばならないか、さらには、じつはこれが極めて大切なのですが、常識をもった一人前の人間としての自覚的言動をしていきたい。こんな点がどうなのか、一年に一回の大会を機に、一人ひとりの組合員が考えあいたいと思います。

二番目の方針の討論ですが、これはただ手をたたいて決めさえすればいいというものではありません。組合が目標としなければならない面を、自分たちの力にみあった目標とがかみ合わさった方針にならなくてはなりません。執行部まかせでなく、組合員一人ひとりがやれるかやれないかという基準で考えてほしいと思います。

第8回定期大会を成功させるために、まず参加しましょう。そしてお客さまでなく、主権者としての権利、義務を果たしていただくよう心からお願いします。

〈61号（1977年）〉

健保改悪反対闘争の評価

健康保険法改悪に反対するわれわれの運動は非常に大きくもりあがり、通常国会ではついに廃案においこむことができました。しかし、12月7日から4日間の日程で招集された臨時国会に政府・

自民党は再提出し、あっという間に衆参両院を通過させ、成立させてしまいました。いったいこんな不合理があっていいのか、われわれは憤懣やるかたない憤りを感じるのです。

かってない運動のもりあがり

健保法改悪案は医療保険制度全面的見直し論のなかから生まれ、福祉の受益者負担の原則にもとづいて、着実に日程に上がってきたものでした。

私たち医療労働者は、国民の医療を守る立場からその成立阻止のため、文字どおり先頭に立ってたたかいました。まず長野県医療協では、県下で10万の反対署名を集めることを決定し、（組合員一人平均25）ただちに行動にとりくみました。当小諸支部でも５０００の署名を目標に、職場ごとに地域に出かけ、短日時のあいだに県下で最初に目標をやりきりました。合計数は５１９７でした。このあいだ街頭でのビラ入れ・宣伝活動・地域へのビラ入れ、抗議スト・代表の国会請願と精力的な運動を展開し、ついに通常国会では時間切れの廃案に追い込むことができました。

わずか一か月の集中的な取り組みではありましたが、全組合員がやる気になってやったこのたたかいは、私たちの歴史のなかに大きな光を放つものであると同時に、全国の民主勢力の力の結集の成果として評価されるものでした。

国民に背を向けた国会内のとりひき

ところが、是が非でもこの法案を成立させ、医療保険制度全面改悪への突破口を何としてもつくりたいとする政府・自民党は、その直後に開会された臨時国会に再提案し、新聞も「異常な」という超スピードで成立させてしまいました。

国民の生命・健康に重大な関係を持つこの悪法が、いったいこんなに簡単にあつかわれていいのか、私たちは議会制民主主義そのものへの疑問さえもつのです。

臨時国会の再開に先立ち、共産党を除く5党の幹事長・書記長会談が行われ、「国鉄」と「健保」を全会一致の「離職者対策法案」と一緒に成立させるという約束があったことは、今や周知の事実です。つまり国会の中で政党間の取引がおこなわれたのです。自民党の金丸議運委員長はさらに「すでに前の国会で自民党と社会、公明、民社3党の間に法案成立の密約はできていた」とさえ暴露しました。

私たちが、勤務の終わったあと寒い夜道を一軒一軒訪ね署名を集めた運動が、こんなおよそ国民の気持ちとはかけ離れた場で、ふみににじられてしまっていいのでしょうか。これでは戦時中の「翼賛議会」(戦争を進めるために必要な法案をまったく審議なしで、国会でどんどん成立させていった)と変わらないものだといえましょう。

このような時代逆行的事態のおきてくる原因と、それに立ち向かう私たちの運動の方向をしっかり見定めることが必要です。

国会における暴挙をきびしく糾弾することと合わせて、それを許してしまった最大の原因が、国民世論の盛り上がりがまだ不十分であったことを、私たちは反省しなければなりません。医療労働者の運動が全国民的なものにひろがらなかったためといえましょう。

〈63号（1978年）〉

みんなで練り上げよう病院の未来像

昭和45年から始まった病院の近代化工事も、ようやく今年の暮れに、第四期工事が終了し、長く続いた騒音もやっと一段落します。そして同時に分院設立20周年を迎えます。

そこで、病院の外見は整うことになりますが、その中身をどのようなものにしていくかが、組合員全員にとって緊急かつ重大な問題になってきました。このことはひとり病院の内的問題であるだけでなく、病院を取り巻く地域全体にとっても大きな関わりを持つ問題として、関心がよせられています。大きく言えば「病院の未来像」です。先日執行委員会、運営委員会でもこのことを論議し、もちろん二回や三回の会議で結論が出るというものではありませんが、大筋として「こんな方向を基本に」といった話し合いをしました。その要点を記し、組合員の皆さんのこれからの討論のたたき台にしてもらえればと思います。

あなた自身が作る

まずこれからの医療情勢は、福祉切り捨ての政治がいっそう進行するなかで、また国民総医療費20兆円時代の到来というなかで、病院の運営・経営が一層苦しくなるでしょう。そのなかで農協病院としての使命を地域のなかで果たして行くためには、全従業員が力を合わせ、立派な仕事をしていかなくてはなりません。そういう気構えを前提に持とうということです。これは経営参加のなかで組合も職制もしっかり統一した方針を持つことが大切ですが、残念ながら現在は十分であるとは言い得ないので、そういう体制づくりをしっかりやらなくてはなりません。そのために「経営参加」が組合の力として生かされるような、学習や実践をさらに進め、「あなたまかせ組合員」をなくしていくことが基本となります。

地域に根ざす

それではどんなイメージの病院にしていくかですが、第一は地域のなかで他の医療機関や関係機関、組織との連携を十分保ちながら、農協病院としての使命を忘れない第二次病院（プライマリーケアを忘れない一次・二次病院）を目指すことです。第二には地域のニーズにみあった特徴のある医療内容と、高度な医療を提供できる病院にすることです。これは現在、また将来にわたってどんなニーズがあるかを的確に見定め、また掘りおこしていく運動が必要です。第三には、病院の医療は非常に多くの職種によるチームワークでなりたっていますが、それぞれの間で共通の接点となるような医療の目標を設定することです。これらはいずれも、私たちだけが周りの社会から切り離されたところでおこなうのでなく、また自分たちさえよければといった考えでおこなわれるべきでないことは当然です。たえず農民・地域住民の皆さんの声に耳を傾け、そして医療従事者も患者さん

「かわら版」一〇〇号

も協同して、もっと良い医療ができるような諸運動を、社会的にも展開しいくことが必要です。そのことなくして特定の病院だけ良くなるはずはありません。

病院を発展させる方向にそって自分が何をしていかなければならないか、全組合員で真剣に考えましょう。

このことはわたしたちの生活や権利を守る運動と不可分です。

〈69号（1979年）〉

主張　身支度をととのえて八十年代に立ち向かおう

組合の情宣活動のなかで、機関紙の発行は重要な柱です。今回で75号になった私たちの「かわら版」は、先輩たちの努力によって幾多の変遷を経ながらも立派な足跡をしるしてきました。と同時に、「機関紙」としての役割がやや不足してきたことの一つに、「主張」欄がなかったことが前回の企画会議で反省されました。主張は組合としての基本的な考え方を示し、組合員の団結を強めるためオピニオン・リーダーとしての役目を果たしていく重要な場です。今回から、執行部の責任で主張欄を毎号設けていくことになりましたので、よろしくお願いします。

9月下旬から10月にかけておこなわれた職員の研修、慰安旅行で、今年は「病院の未来像」について話し合いました。先頃の院内運営委員会では反省会を持ちました。そのなかで、未来像の討論を進める前の段階で、今の目の前にある具体的、現実的なことですぐにも何とかしていかなければならない問題が、非常に多いことがはっきりしました。

この未来像と切り離しては考えられないことに、従業員の教育研修の問題があります。どんな組織でも、その組織の目的を遂行していくに必要な〝人づくり〟がなされることは当たり前のことですが、私たちの病院では、そのことが計画的におこなわれてきませんでした。管制的なものでない、民主的な統制がとれた職場の規律は、チーム医療をおこなっていくうえで必要不可欠のものです。

私たちが社会の一員として生活していくうえで必要な常識と、一定の教養を身につけていることは、医療従業員とか労働者であるとかの以前の問題として重視したいことです。そういった素地がないことからくる職場内の不統一や団結はあってほしくないことです。約二百人の組合員がいれば、いろいろな考え方の違いがあることは当たり前ですが、そのことが、職場のなかで自己中心に勝手なことを言ったり、秩序というものをわきまえず、気ままなことをすることとは本来的にあってはほしくないことです。人間の集団生活のなかで、お互いに守っていかねばならない規律というより、常識が職場のなかで軽視されることがあるとしたら、全体としていい仕事はできないでしょう。なぜなら、そこには、必ず仲間への不信が芽生え、心を通い合ったチーム・ワークがくめなくなるからです。

さて、日本の経済は財政の逼迫を理由に、福祉の大幅な見直しを緊急な政治課題として日程にのせてきました。医療福祉の分野で、私たちが想像もしない「切り捨て」がおこなわれるだろうというのが大方の見方です。いっぽう、患者さんからの「良い医療を」の要望はいっそう高まるでしょう。こういうなかで、病院はいま大きな試練に立たされようとしています。

私たちの病院には仕事を真面目にやろう、いい病院にしていこうと真剣に考え、頑張っている仲間たちがいっぱいいいます。研修、慰安旅行のときのあの話し合いの中味は、それこそ病院の財産と言えます。「良い医療」を共通の目標にし、私たち一人ひとりの持っている力が十分発揮できるようなチーム・ワークをしっかり組んでいきましょう。

ここで病院の未来や世の中の動きをしっかり見定め、自分たちの仕事を見つめなおし、身支度をきちんと調えて80年代にたちむかおうではありませんか。

〈70号（1979年）〉

居住地での健康を守る組織づくり　本年度方針に基づいて

「組合員の居住地で健康を守る組織をつくり、運動を広めよう」の方針に基づく具体的な運動が、小諸市東小諸区で始まりました。

こんな良いことぜひ続けて　第1回に60人集まる

11月25日の夜7時半、東小諸区の研修センターには集落の皆さんが約60人も集まり、大会議室いっぱいに散らばって大声をあげています。お年寄り夫婦や若い奥さんがたまでみんな、トレパンをはいたり、トレーニングウェアを着てのいでたち。体を横にしたり、足を上げたりするたびに大きな声があちらこちらからあがります。冷えこんでいる戸外の空気とは逆に、室のなかは熱気がいっぱいです。第1回の健康教室「肩こり、腰痛体操講習会」のスタートです。

準備の段階でみんな賛成

東小諸区は今年4月に小原区から分区して独立した戸数約２１０戸の集落です。ここには私たちの病院の組合員が県住3人、自宅2人、小原寮8人の合計13人が住んでいます。そして病院から徒歩で15分くらいの距離という条件にあります。

8月下旬に開かれた今年度の活動方針学習のための部長・副部長合同合宿での意思統一のあと、東小諸区で早速とりくみがはじまりました。まず区長へ正式にこの運動の申し入れをしました。もちろんこの前の段階ではいろいろな準備、事前折衝があります。区の道路普請とか、盆踊りなどの機会をとらえて区の役員さんたちに「こんなことを区の事業にとりいれていったらどうでしょうか」といった話をチョコチョコもちかけてきました。そのなかで、「必要ない」という反応は誰からもきかれませんでした。むしろ病院で協力してくれるなら大変ありがたいという声が多くありました。区長さんも区の主だった皆さんと意見を交わしながら準備を進めてくれました。

区の役員会、隣組長会で区事業に決定

事業発足のための役員会には具体的に文書で案を出しました。中身は①区全体でこういうことに取り込む意義、②具体的な月別計画案、③病院従祖としての応援体制などです。これをもとにして検討がなされ、大体これでいいだろう、とりあえず「区民健康教室」という形でみんなの関心の高いテーマ、実益のあるテーマを取りあげ月に一回くらいの開催にしていこうとまとまりました。10月10日体育の日におこなわれた区民運動会、そのあとの慰労会ではこの話に花が咲きました。一献交わしながら、「うん、それはいい、みんなでやろう」と雰囲気がもりあがりました。このあと開かれた隣組長会（従業員組合でいえば執行委員会）では、区長の提案に全員が賛成しこのことが区の事業に決定いたしました。この間、病院の東小諸区居住組合員の連絡会議ももたれ、運動の趣旨の徹底と、集落の集会にはできるだけ都合して参加していくことが申し合わせされました。第1回は理学療法科の花岡利安さんに講師をお願いしました。12月は外科柳沼公夫先生の「乳がんの自己

検診法」の予定。今後各スタッフの皆さんにもお願いしますので、よろしく。〈95号（１９８４年）〉

臨調路線をはねかえす力を培おう　84春闘にむかって

新年早々に、全厚労をはじめほとんどの上部組織で、「84春闘構想」をねるための機関会議が開かれました。そのなかで討議、決定された内容はそれぞれの組織から発表されますが、どこでも議論された共通の問題は、「臨調への闘いを強める」ことと、「組合員が情勢をどう正しくとらえ、ふんばる力をもつか」ということでした。春闘をまえにして、「ふんばる力」をどうしたらわれわれが蓄えられるのかを考えたいと思います。

「どうせダメ」でなく要求すべきは堂々と

このところずっと春闘で賃金や労働条件改善の要求が極めて低くおさえられたり、さまざまな制度改善の闘いをしても、結局いまの臨調の攻撃や政治の大きな流れのなかでこれも目に見えた成果がでません。こういう情況にわれわれが、「どうせもう何をしても同じだから」といった考え方をもつとしたら、それこそ攻撃を仕掛けている側にとって思うツボです。その典型が軍備増強や臨調賛成をかかげるような同盟、それを主軸にした全民労協の路線です。資本主義経済の行きづまりを憲法改悪――軍事大国化のプログラムでのりきるために、そのいちばん障害となる民主勢力や労働組合の運動を抑えこむことが権力の側にとっては緊急の課題です。そのためになりふりかまわぬ抱えこみがおこなわれているのです。

その末路は歴史が証明しているように、あの第二次世界大戦に突入していった国民総動員の悲劇です。だからいま、どんなにわれわれの思うような事態がすすまなくても、「もうだめだ」なんて考えることは、ほんとにだめになってしまうことになります。医療労働者として追求すべき要求や課題は、その実現の途がどんなにけわしくてもきちんとかかげていくことが大切です。

世の中の流れをしっかり見すえる目を

そこで、ではいったいどうしたらへこたれないでふんばる力がつけられるか、ということです。結論からいえば、社会の科学的発展法則を身につけ、目の先のことだけにふりまわされない長期的な見とおしをもてる労働者になることです。

学生時代に読んだ吉野源三郎さんの、『君たちはどう生きるか』という本がありました。そのなかにでてくる中学生の主人公がその家に居候をしている大学生の小父さんに人生の転機になるようなものの考え方を教えられる場面があります。中学生が学校で友人との間がうまくいかず、家に帰ってきてもいつもしょんぼりしています。そんなある日、小父さんは少年を夜の物干し台に連れてゆき、満天に輝く星を眺めながら言います。「あの無数の星をみたまえ。あの一つひとつの星の大きさや、いま君の目にはいったその光が何億光年という遠いところにあるこの大宇宙の大きさを考えてごらん、そしていま君の悩んでいることの大きさとくらべてみなさい」。その日から少年はコペル君(コペルニクスの)というあだ名を小父さんにもらい、小さなことにくよくよしない、明るい少年に成長していきます。

いまわれわれがもたなければならないものは、しっかり世の中をみる心の目です。それがふんばる力となります。春闘を頑張りましょう。

〈88号(1982年)〉

トマホークは許すまじ　反核の根を限りなく拡げよう

さまざまな活動に、実にめまぐるしくとりくんできた私たちの1983年度組合運動も、まとめの時期をむかえました。このなかで非常に緊迫した情勢をむかえているのに、いまひとつ大きな盛り上がりをつくりだせなかったのが「反核・平和運動」です。この6月にいよいよアメリカの核巡航ミサイル「トマホーク」が日本に配備されるという状況のなかで、いったいトマホークとは何なのか、いま私たちは何をしなければいけないのかを改めてみんなで考えてみようではありませんか。

トマホーク配備の船は日本へも

「悪魔のトマホーク」は全長がわずか5・5m、胴体の直径は53㎝という小型の無人ジェット機です。しかしそこに積まれた核弾頭の破壊力は、広島型原爆の20倍もあります。飛行距離は2500㎞といいますから、沖縄から北海道稚内までに相当します。そしてこの核ミサイルの最大の特徴は、あらかじめ目標地点での地図を記憶させた「地形照合装置」のコンピューターをつかい、地上すれすれの高さで巡航させ、誤差30ｍという命中精度をもっていることです。海中から発射し、敵のレーダー網にかからないよう山を超え、谷間をぬってすすみ、確実に目標をやっつけることができるわけですから、アメリカは一日もはやく日本の周辺にこれを配備することを計画していました。

このトマホークが第七艦隊をふくむアメリカ太平洋艦隊に配備され、その根拠地である横須賀、佐世保、沖縄はもちろん、全国各地の一般港、そして日本の周辺は、トマホークを積んだ船でいっぱいになるということになります。そうなったら、まさに日本列島は平時からアメリカの核戦争計画の「最前線基地」になり、日本が核戦争にまきこまれる危険が増大するばかりです。

日本は核戦場の危険に

「そんなことは妄想ではないか、まさか核戦争なんて」と、多くの人は考えています。しかし、核トマホークはレーガン政権がすすめている海洋戦略の「カナメ」だといわれています。それは、海洋から発射される核トマホークは、西ヨーロッパに配備されている地上発射の核巡航ミサイルにくらべて、ソ連側からはどこから核トマホークが発射されるのかわからないという、軍事的利点をもっているからです。

現在、この大量配備に対抗してソ連もＳＳ20を極東に配備し、軍事力を増強していますが、このような米ソの核配備は、ひとたび米ソ戦争または極東での限定核戦争がおきれば、日本はまちがいなくアメリカの「核の発射台」、ソ連の「反撃目標」にされることは間違いありません。

ベトナム戦争で敗れたアメリカ政府の高官は「核をつかわなかったからだ」と言い、レーガン政権は「先制使用」を公言しています。そして、すでに米軍指導要員だけが、「生き残る」ためのEWO（緊急戦争作戦）シェルターができているのです。アメリカ本土は「聖域」として、全くムシのいい限定核戦争計画をたてています。

83年8月、ボストン市民は核トマホークを積んだ戦艦アイオワの母港化を阻止しました。この経験は、核兵器に反対するグループが無数にあったということです。私たちも、反核の声を草の根のように、まわりに拡げていきましょう。

〈97号（1984年）〉

三. 医療労働に
ロマンと情熱を

戦後の協同組合医療運動と長野県での動き

組織民主化の闘い

第二次大戦後、組合医療は、農協法の公布（昭和22年）によって新たな歩みを始めました。1948（昭和23）年に全国文化厚生農業協同組合連合会（現在の全国厚生連）が発足し、51年には公的医療機関の指定をうけました。そのときの「公的医療機関の厚生農業協同組合連合会の活動方針」のなかには、「医療と保健予防活動との一体的活動を強力に推進し」、「医道の高揚を期し、厚生連病院、診療所の内容の向上を図り、保健予防活動に重点をおき、農村生活の向上に積極的に協力する」と述べられています。このような積極的な方針のいっぽう、経営危機を背景に、厚生連の使命は終わったとして自治体への移管が相次ぎました。

長野県では昭和病院に続いて1944（昭和19）年佐久病院が、45年に北信病院が組合病院として開設されましたが、農業会から厚生連に移行していく戦後の数年間は、協同組合医療運動のあり方をめぐって、会と従業員組合の間で激しい交渉が連続的におこなわれました。そのなかからいまある長野県厚生連と長野県厚生連労働組合の基本方向が確立したといえます。

いっぽう厚生連の草創期である45（昭和20）年ごろ、すでに佐久病院、北信病院では、職員の有志が日曜、休日を使って地域にでかけ、巡回診療や啓発活動を始めていました。

それは、当時病院へくる患者の70％は潜在疾病（がまん型・気づかず型）の病気であったという状況のなか、病院から外へ出かけ、予防対策に力をいれることの緊急性に迫られていたからだといわれます。そして46年には両病院に従業員組合が結成され、そのスローガンのなかに「住民の保健の向上と医療の民主化」「農村医学の確立」がうたいこまれました。これは、組合医療運動を労働組合の運動としても位置づけるという画期的なことでした。

しかし、このような従業員組合の運動を農業会本部は目の敵にし、出張診療へのアカ攻撃、そして46年7月、組合の解散と解散しなければ病院を閉鎖すると通告してきました。このような攻撃に対し組合は、佐久病院と北信病院で共闘委員会を設け、十数回にわたるはげしい交渉の結果、同年10月労働協約の締結にこぎつけました。協同組合にとっての本源的使命である民主主義がこのように否定されたとき、それに抵抗することは労働組合みずからの役割であると、立ち上がったのがわれわれの先輩たちでした。医療の民主化をめざす運動の一つの典型をなした佐久病院閉鎖反対闘争で、たたかいの結果労働協約の締結に成功しました。当時、農業会病院で労働協約を結んでいる従業員組合は皆無であり、また、ほかに従組ができていなかった長野県農業会においても、実に「画期的な出来事」でした。

これにより従業員の身分を保障させ現在の経営協議会やユニオンショップ制がもりこまれた「経営参加」がきまりました。これは、労働組合が会の運営にイニシアチブをとり、民主的な運営を保障するという、当時、全国の農業会病院のなかではじめての協約でした。そして昭和22年1月には、佐久、北信、昭和の3病院で単一の従業員組合を結成しました。

50（昭和25）年には、農工利連（会）の解散をめぐり病院の県営移管問題がもち上がってきました。これは、病院の経営が赤字である（4病院で200万円）ことを理由に、農協組織から病院を切り離してしまうというものです。従業員組合は会の経営主義一本やりの考え方について批判し、いまこそ農民の健康を守る運動の重要性（厚生連の設立の重要性）を訴え、民主的な組織をつくろうと果敢な運動を展開しました。

同年5月5日に善光寺大勧進大広間で開かれた県営移管反対の従業員大会は、歴史的な活動方針「わたしたちの組合病院とは」を採択し、ついに同年7月厚生連従業員組合（佐久、北信、昭和、安曇）を結成しました。そして県立病院移管は否決され、その後発足した長野県厚生連との間に、51年12月、いまある労働協約を締結しました。この間、有名なレッド・パージ事件がおき、組合指導者の大量首切りがおこなわれようとしましたが、地域の人びとの支援によってこれをはねのけました。

長野県厚生連従業員組合の運動方針

協同組合は「人間は平等であると考える人びとによる相互扶助のための結合」です。そして、協同組合運動とは「人間尊重の公正な社会を建設しようとする運動」であり、「民衆の自治、自助、自立」「人間性が無視されることに対する抵抗」を重視しながら、「経済の向上と人間の幸福の向上を一致させ、両立しようとする民主主義運動」です。以上のような立場を鮮明にしている協同組合原則は、人格尊重と人間皆平等の主張に基礎をおく民主主義の精神を強調して、「民主的運営」を基本原則の一つに位置づけています。

医療の民主化をめざす運動、すなわち、医療に恵まれない人びと（農民）の健康を取り戻し、「人間らしく生きる」ことのできる地域を実現していこうとする人間尊重の医療運動は、まさに民主主義を進める運動にほかならず、協同組合運動そのものでした。

結成された長野県厚生連従業員組合は、その経過からも明らかなように、農家組合員、住民の健康を守る運動を重視し、組合員の生活の安定と向上、院内の徹底的民主化、地元農民のための医療の民主化運動、そして農村医学の確立を掲げ、日本医労協が二本柱の方針（組合員の生活と権利を守ることと、患者・住民のいのちと健康を守ること）を決める以前から実践を積み上げてきました。そしてその実践に裏づけされて、会の事業方針にこの活動が重点項目として盛りこまれるようになりました。

ここに至る経過をふり返ると、長野県厚生連が真に協同組合医療運動を推進し、組合員の健康を守る運動を展開するようになった背景には、常に従業員組合が体をはって闘ってきた数々の事実を思い出さないわけにはいきません。そしていまあらためて、地域住民の健康を守る運動の大切さが叫ばれるとき、先輩たちの偉大な足跡にたいし敬意の念が脈々と湧いてきます。

組合員・住民の健康を守る運動方針は、毎年長野県厚生連従業員組合の大会でも各支部の大会でも決議され、全組合員が交替でこの活動に参加してきました。全国的に有名になった八千穂村や木島平村の全村健康管理事業にも積極的に協力してきました。いっぽう組織が大きくなるに従い、協同組合医療運動の原点や保健予防活動の初心が次第に組合員（職員）の意識からうすれ、「余計な仕事」意識が広がる状況がでてきました。これを懸念し、従組は１９７８（昭和53）年、「健康管理活動一問一答」の学習テキストをつくり、全組合員に改めてこの活動の重要性の確認を呼びかけました。

私たちのまわりに目を向ければ、農村という地域にはとくに過去において、「健康犠牲が美徳」を強いられた封建的思想の縛りや、現代の金儲け優先のゆがんだ社会のなかで、どれだけ多くの農民・住民が健康を犠牲にして働いてきたかわかりません。こういう社会的背景のなかで、病気になりたくない、いのちや健康を大切にしたい、という人間であれば当りまえの願いを、「人権意識の

長野県厚生連労働組合中央執行委員会で

確立」まで高める意識改革の運動こそが、私たちの目ざす保健予防活動です。労働組合運動も協同組合運動も共通に目ざす人間開放への道、その道すじの出発点に保健予防活動を位置づけることができます。私たちは医療労働者として自分たちの仕事をとおして農民、住民と連帯ができ、将来の協力者も大勢つくることができます。

労働組合が賃金や労働条件、権利など組合員のさまざまな生活要求を実現していく運動体であることは当然ですが、そのことだけをやっていればよいというものではありません。労働組合が目ざす目標は、働く人びとが社会の主人公になり、人間らしい生活を保障していくことにあります。そして民主的な社会です。この目標を実現していくためには、はかり知れないほどの多くの協力者が必要です。人びとがたすけ合って住みよい社会の実現を目ざすことが大切です。

協同組合運動の実践者

誇りある協同組合の医療運動の歴史をいっそう発展させていくために、私たちは医療労働者であると同時に、協同組合運動の推進者・組織者であることが大切です。そのためにはまず、厚生連が〝本物〟の協同組合であることが必要です。その精神と民主的原則が生かされなくてはなりません。医療民主化の運動はその接点となる運動です。

1972年ワルシャワで開かれた、第25回国際協同組合連盟（ICA）大会における決議のなかで、「協同組合の諸活動は、それが労働組合や他の労働者の諸団体と共同して運動しようとするとき、大きくその効果を増すであろうことを認識する」とのべています。農協がいまや、組織組合員だけでなく、地域社会の発展のために力を尽くすという方針は定着化しつつありますが、私たちは地域住民の生活を守ること、その基礎になる健康を守ることをとおして、住民とともに「地域づくり」の仕事にとりかかる展望をもつことが、厚生連にとっても極めて重要です。医療研はその礎石としての歴史的役割を果たすものです。

組合員・住民の自主的な健康を守る運動

農村の兼業化が1965（昭和40）年代から急速に進み、農家組合員の生活はいっそう多忙となり健康状態は悪化していきました。また、戦後の食糧増産のために多用してきた農薬は、その害が人体に影響を及ぼす不安が広がっていきました。これらに起因して農家からだされてきた要望は、「農協は組合員の健康管理をしっかりやってほしい」というものでした。第12回全国農協大会（昭和45）で「生活基本構想」がだされ、「農民の健康を守る運動」が農協運動としてしっかり位置づけられました。

長野県厚生連ではこの方針をうけ、「農民に成人病総合健診を」の準備にとりかかり、昭和48年から佐久総合病院に「健康管理センター」を併設し、「集団健康スクリーニング」方式による地域巡回の集団健診を全県下に開始しました。各厚生連病院がエリアを分担し健診の前の事前啓発と、後の結果報告会を県下全市町村でおこなっていくダイナミックなこの運動は、単に組合員、住民が健診を受けるだけにとどまらない、地域で積極的な保健活動を、しかも住民が自ら健康意識を高めていく方向をつくる大きな転機となりました。健康スクリーニングを軸に行政と農協が連携し、健康管理推進組織がつくられ、町ぐるみ村ぐるみの健康まつりなどが開かれるようになりました。こういうなかで健康を守る運動の新たな芽が県下各地に広がり始めました。それはやがて健康な地域づくりの運動へと発展し、食糧、健康、農業を守る一体的なとりくみや、高齢者対策にまで運動の範囲が広がりました。労働組合もこれらの活動を方針上も位置づけ、地域のさまざまな行動に参加してきました。厚生連の労働組合にとってこの分野での意識的なとりくみと組合員意識の底上げが、いっそう大切になります。

医療労働組合の社会的使命

情勢の的確な把握と伝達を

医療労働者が情勢を的確に患者・国民に伝えつつ運動課題の提起をしていくことと、幅広い国民の連帯をつくることなしに情勢を変えていくことはできません。国民のいのちと健康が真に大切にされる社会を誰もが望んでいます。その願いを大切にしつつ、歪んだ社会の現実に怒りを燃やすことは難しくありません。

医療再編、民活、医療差別の全面展開の方向が、医療の公共性を失わせ、憲法第25を否定し、日本における社会保障の理念を根本から変えていくという、極めて重大な岐路にさしかかっているものであることは、多くの国民の目から見て明らかです。

この緊迫した重要な情勢を、全医療労働者がしっかり把握することがいま最も大切な課題です。その場合、医療の主人公である患者・国民の視点から、情勢をみることを重視しなくてはなりません。情勢は制度・政策の現れです。制度・政策によって国民が影響をうけ、医療機関が影響をうけ、医療労働者が影響をうけます。情勢は、医療労働者一人ひとりにとって非常に身近なものです。組合幹部が情勢を知っていれば事足りるというものではありません。そして何よりも医療労働者は、毎日患者・住民と最も近いところで仕事をしています。医療労働者一人ひとりが情勢についての正しい認識をもっていれば、それをいつでも患者・住民に語りかけることができます。国民医療を守る運動をいちばん身近なところで展開できるのが、医療労働者です。医療労働者は医療の専門家であると同時に、医療をよくする運動者であることが求められています。

情勢を患者・国民本位に変える　医療労働者への期待は大きい

医療の主人公は患者・国民です。しかし日本では、患者・国民不在のところで医療制度・政策が決められていません。患者・国民が主権者となっていません。この重要な欠陥を正すうえで決定的に大きな役割を担うのが医療労働者であり、労織組合を中心にした民主的な諸運動の力です。

１９６０（昭和35）年の安保闘争に代表される60年代における民主的諸運動の高まりは、医療産別の労働運動にも大きな影響を及ぼしました。美濃部亮吉東京都知事が誕生し、老人医療費の無料化がスタートしたのもこの時期でした。

57年には日本医労協が結成され、国公立・民間の産別統一組織ができあがりました。その全国組織としての力が発揮されたのが60年8月以降の大統一闘争でした。政府の低医療費政策のもとで医療機関が労働者に低賃金・「合理化」を押しつけるなか、賃金・労働条件・権利要求と医療改善要求とを結びつけ、「病院スト」が全国に広がりました。この闘いのなかで自覚的労働者として高まった看護婦は、過酷な夜勤実態を改善して家庭と労働を両立させること、さらに専門職としての地位を確立すること、医療事故を防いで、医療改善を進めることをめざして、夜勤制限闘争に立ち上がりました。新潟県立病院の67年の「ニッパチ闘争」を皮きりに、この闘いの波は68年全国に広がりました。そして全国24都府県、２００余の主要病院で２人夜勤、月８日以内の夜勤協定を勝ち取りました。

この闘いのなかで、看護婦がみずからの非人間的な夜勤を制限するという、労働条件改善の闘いから出発し、患者のための「よい看護・よい医療」を、みずからの手で確立していこうとする意識へと、自己変革を遂げていきました。看護婦ばかりでなく、多くの医療労働者にみずからの仕事に対する、社会的任務についての自覚を呼び起こさせる大きな契機をつくりだしました。医療研運動は、ここから呱々《ここ》の声をあげたのです。「医療労働者の生活と権利を守ること」、「患者・国民のいのちと健康を守ること」の２本の柱を統一的に進める医労連の運動路線は、医療労働者の運動の必然としてできあがったものです。

企業利益を最優先とする製薬会社、それと癒着した官や医療人としての良心を失った医師たちによって、患者・国民無視の薬害があとを断ちません。このような構造的な薬害を根絶していく道は、直接医療の現場にいる医療労働者が、患者・国民の立場に立ってまず声をあげ、社会的な大運動に広げていくことが求められています。医療労働者がこのような社会的情勢に主体的にかかわることに多くの国民は期待しています。医療研運動はそういう期待にこたえられる労働者・労働組合づく

メーデーで（中央が若いころの筆者）

りをめざしています。

いまこそ2本柱の運動が必要

１９６９年に確立された2本柱の運動は、医療研運動としての実践がその主たるものとなっていますが、政府の医療改悪がいっそう強まるなか、当面する攻撃への反撃を運動の主たる課題にすえざるをえない状況がつくられ、「患者・国民のいのちと健康を守る」運動は、方針と現実の乖離を克服できないという実態を残しています。

医療の公共性を崩し、社会保障の理念を根本から変容させている現今の政策後退の影響は、医療の主人公である患者・国民が直接的に被害を被ることになります。医療労働者が情勢を適確に患者・国民に伝えつつ運動課題を提起していくことと、幅広い国民との連帯をつくることなしには、悪化する情勢を変えていくことはできません。情勢の緊迫性から見て、患者・国民と医療労働者の共闘、そのために腰を据えて2本柱の運動を、実践していくことがいまほど求められている時代はありません。

長厚労が営々と積み上げてきた多くの運動実践、すなわち、住民とともに医療を真に住民のものにしていく医療民主化の運動は、わが国の医療運動のなかにいっそうの重みをもって広がることが期待されます。

協同組合が協同組合らしく

ＩＣＡ（国際協同組合同盟）協同組合原則は、民主的運営の原則（第2原則）と教育促進の原則（第5原則）を規定しています。民主的運営の原則は、その事業が組合員の全人間的生活にとってプラスかマイナスかによって決められること、人間本位にやっていくこと、ソロバンももちろん大事だが、ソロバンを大切にするあまり人間が大切にされなくなってしまうことはやめようとするものです。この原則を遂行するには当然ながら組合員の「参加」が前提となります。教育促進の原則は、「組合員教育とは、組合員を協同組合員にすることだ。ただの組合員ではいけない、協同する組合員に育てることだ」といわれ、協同組合運動は教育運動だという人もいます。協同組合の運動は、組合員が常に高まりつつ進めなければ協同組合らしくなくなることに心するよう、呼びかけています。厚生連・農協を含めたわが国の協同組合の現状は、このような原則からみてどのようになっているのでしょうか。

農協ではいま、組合員の声が届きにくい大合併が促進され、「資本の論理」「競争の原理」が優先されているようにみえます。厚生連は医療政策等の影響による経営悪化を背景に、掲げる理念と現実の運営との乖離が進み、一般的には、生き残りだけをめざす「普通の病院」化が急速に進行しています。厚生連の主要な会議のなかで、それは院内も含めて、協同組合の理念を論じ合う場は皆無になりつつあるといえましょう。

ＩＣＡ第27回大会（１９８０年、モスクワ）における一般報告「西暦２０００年における協同組合」（通称「レイドロー報告」）は、世界各国の協同組合運動に大きな刺激を与えましたが、このなかでレイドロー博士は、「世界の協同組合が思想の危機を迎えている」と警告しました。わが国の協同組合運動に、この警告はどのように生かされてきたのでしょうか。

協同組合と労働組合の共同

ＩＣＡ第25回大会（１９７２年、ワルシャワ）決議は、「協同組合の諸活動は、それが労働組合やその他の労働者の諸問題と共同して運動を進めるとき、大きく効果を増すであろうことを確認する」と述べています。協同組合が協同組合らしくない状態にあるときは、この決議は空文化してしまいます。いまの資本主義社会にあっては、より人間らしい生き方、くらしの向上を求め、さらに地球規模の環境問題や食料問題なども解決しようとする共通の目標をもち、民主的な話し合いの土壌を育てる努力が労働組合にも協同組合にも不足しているようにみえます。長厚労の経営参加は、労使双方が本気になれば、厚生連がより協同組合らしく発展していくことを保障する、他にあまり類のないシステムだといえます。

協同組合組織はその発展過程で、他の企業や組織と同じように多くの雇用労働者を雇うようになり、民主的運営のためにはその意思決定などに、組合員の「参加」とともに職員の「参加」が基礎要件として必要になっています。労働組合が80年前から、民主的方法でより積極的に「参加」を実現する手段を獲得したことは、当時もいまも特筆すべきことです。長野県厚生連のスローガンである「組合員・住民とともに」をいまどのように具現化するかは、厚生連発展の鍵であると同時に、長野県厚生連労働組合（長厚労）にとってもその底力が試されることになることは間違いありません。

協同組合を学び、長厚労を高める

これまで概観してきたような、長厚労の先輩たちが切り開いてきてくれた誇りある地歩、そしていま築きつつある新たな峰は、次の世代にしっかりと受け継がれることによって、その科学性が証明されることになるでしょう。その意味ではまだまだ道半ばです。

この時代を、そして厚生連のこの状況をどう認識するかということです。これからの世紀は、資本主義の行きづまりとその矛盾が、このままでは人類や地球をも壊してしまう可能性があるといえます。社会主義をめざした国も、その方法、過程において民主主義を大切にしないという重大な誤ちを犯し、多くの人びとの不信を引き起こす結果となりました。こうした世界史的経験を経て、「競争の社会」から「共生の社会」へ、「人びとの平等・公正をめざす人間中心の民主的社会」へ、という「協同」の理念が輝きを増し、「21世紀を協同の時代に」と世界の多くの人びとが熱い思いをもちはじめています。

以上のような大きな時代的流れのなかで、現に長野県厚生連という協同組合組織に働く長厚労の労働者にとって、目標が見えないどころか、課題は明々白々です。協同組合を学び、民主主義を学び、協同組合専従者としても、自覚的な医療労働者としても、そして医療の専門家としても、まず組合員一人ひとりがみずからを高める努力をすることです。そのことが長厚労を高めることになります。どんな仕事や運動も、それを推進する集団のなかに〝人〟がいるかどうかが決定的に重要です。これからの時代、「安心の地域づくり」はまさしく協同組合の力の見せ所です。協同組合に働く労働者として、またその労働組合として、この時代に生きる〝民主主義の証し〟を歴史のなかに刻みこむ大事業が待っているというべきでしょう。

医療労働に情熱をもって

労働組合運動のなかで力を注いだこと

労働組合運動を通して私たちが力を入れたのは、組合員の賃金や労働条件の改善はもちろんですが、とりわけ医療研運動でした。医療労働組合は「患者・住民のいのちと健康を守り、医療労働者の生活と権利を守ろう」という2本柱のスローガンがありますが、この2つのスローガンの実践を、医療研運動を通してやろうと私たちは考えました。

患者さん・住民の立場に立った医療というのは、当たり前に存在してほしいことですが、どうも医療側の都合で医療をおこなう、そのことが日本の医療のなかから抜けきらない。私はそういう点では、医療の主人公は患者さん・住民であるということ、そしてよい医療を実践するためには、患者さん・住民と医療者が協同することが大前提だと思います。医療研運動というのは、そうしたことを医療労働者が認識し、実践するための運動だと位置づけ、とくに国民医療研究所在任中は全国の仲間と熱い運動を続けることができました。

国民医療研究所での医療民主化の取り組み

1980年代、いわゆる臨調（第2次臨時行政調査会）による医療に対する行政改革（医療行革）の嵐が吹き荒れ、国の公的な支出をあらゆる面で見直し、公的な事業を民間に委託するようになりました。医療に行政改革の視点からメスを入れるということです。その結果、医療費を抑制していくことを政策の柱に据え、医療機関の統廃合や機能分化、受診抑制策などを進めてきました。すると当然のことながら、患者さんの負担が重くなってきます。

1983（昭和58）年に老人保健法ができて、それまで無料だった老人医療費が一部有料化になり、併せて70歳を境にして、医療抑制、医療差別がおこなわれるようになりました。これも医療行革の一端です。患者の痛みを伴う施策がずうっとおこなわれてきました。それによって、例えば国民健康保険の保険料の切り上げから生活困難による滞納が起こり、保険証の未交付で医療が受けられなくなることもありました。

このような状況に対して、国民医療研究所では全国に起きている医療実態を調べ、学者・研究者の先生がたを先頭にして国にいかに改革を迫り政策を変えることができるのか、ということが国民的課題だと、思いました。そこで、住民の立場に立って本当に良い活動をしている岩手県沢内村や、佐久病院などで現地調査を繰り返し、そこから得た教訓を政策の中に盛りこんでもらう活動をやって参りました。

１９９１年～4年間、60歳を過ぎてからの東京での単身赴任で国民医療研究所に席をおき、医療労働にロマンと情熱を込めて、とくに力を入れた「医療研運動」について、当時の基調報告で振り返ってみたいと思います。

第23回全国医療研究集会の基調報告（１９９５年）

政治・経済情勢の特徴

１９９４（平成６）年第22回集会は、ちょうど細川内閣が発足して間もない時期でした。その後の村山内閣も金権腐敗政権・小選挙区制消費税導入など、大変な内閣であります。

自民党の金権腐敗政治とこれに対する国民の怒りと批判が急速に進むなかで、自民党とそれに追随する政党は国民の支持を急速に失っていきました。この結果、自民党から脱退した小沢氏を中心にした新生党と細川保守新党、それに日本共産党をのぞくかつての野党が奇怪な結合をして細川政権が誕生しました。この政権は戦後の一時期をのぞいて、初の非自民内閣でもあり国民に新鮮な印象をあたえ、政治の浄化、政治改革、国民福祉の充実などに多くの期待をいだかせました。しかし、この政権の8か月の政治は、自民党政治でさえおこなえなかった悪政の連続でした。

まず、民主政治の根幹である議会制民主主義を形骸化させる小選挙区制を強行させました。少数政党の存在や国民の少数意見を政治に反映させにくくさせる、一選挙区一人制度では、相対的な多数党の圧倒的議席を許し、逆に金権腐敗政治を温存させました。

また3度の国会決議を無視してコメ自由化の受け入れ、消費税引き上げ、年金改悪法の提出、病院給食有料化や健保改悪法案の提出など次々に国民犠牲の悪政を推し進めました。この政権は、はじめは細川首相の新鮮なマスコミを使った演出などで高支持率をえましたが、転落するのも早く、首相自身の佐川・NTT疑惑のもとで崩壊しました。

医療情勢の特徴

病床の「総量規制」と機能別再編へ医療法を改悪

1981年に第2次臨時行政調査会（臨調）が設置され、医療費削減が重要な政策課題に上げられ、臨調「行革」路線にそった政府・厚生省の医療政策が強力に推進されてきました。

そして、医療費での国の予算削減策の第一は、医療供給体制の縮小、すなわち、医療機関そのものの削減でした。厚生省は、まず、自ら管理する国立病院・療養所の約3分の1についての統廃合計画を発表、1986年には医療機関の根本法規である医療法を改悪、都道府県ごとに医療計画の策定を義務づけ、必要病床数を定め全国的に病床数の抑制・削減をしました。

1992年6月には、医療法の第二次改悪が強行され、医療の「効率性」が法制化され、病院の機能別類型化（再編）がおこなわれました。医師・看護婦などの配置基準の低い療養型病床群をつくり、人員を抑制するという側面も持ち合わせたものでした。政府・厚生省は、21世紀に入る前に第三次、第四次と医療法を改定、機能別供給体制の完成をめざしています。

診療報酬の改定を通した医療費抑制政策

いまや診療報酬は、それを操作することによって病院のあり方を大きく変えていくテコに使われるようになっています。医療費抑制のため、診療報酬における入院時医学管理料や基準看護料などを在院日数によって逓減制とし、診療報酬の改定ごとにこれが強化されてきました。患者の状態や診療とは無縁の、「経済的」判断で入院期間の画一的な規制を強め、「3か月単位の患者のたらいまわし」など、慢性疾患の老人を中心とした病院からの追い出しが実施されてきました。また、人的にも質的にもレベルダウン（人員体制が低い）する、療養型病院への誘導を強化するために、診療報酬での操作を強めてきました。その後の改定ではついに、「看護」と「介護」を分離した診療報酬点数を導入し、これらの方向に一層の拍車をかけています。これらは、新たに国庫負担ゼロ、全額患者・国民負担の「介護保険」を新設し、国費負担の削減と患者負担の拡大で、医療保険を再編しようとする意図と連動したものです。

診療報酬の改定をダシにした政策誘導をやめ、真に患者・国民が必要とする医療が供給でき、各医療関係者の労働を正当に評価した診療報酬の改定こそが求められていることはいうまでもありません。

日本の高度経済成長とともに生活環境の汚染がすすみ、大都市の二酸化窒素による大気汚染は史上最悪となり、地方では乱開発によって自然が壊され、水が汚され、環境問題はいまや地球規模に広がっています。人間が健康に生きるための条件が、大企業などの営利追求のために手段を選ばない、横暴な振舞いによってむしばまれています。

国民の食生活は、食の近代化の名のもとに「欧米化」が食糧戦略としてすすめられ、日本古来の米を中心にしたすぐれた伝統食、さらには食文化もこわされています。その結果が高脂血や心臓病などの増加につながっているといわれています。外国からの輸入食品が、危険の多いポストハーベストによる農薬や添加物によって汚染され、人体への影響が深刻に懸念されています。

近年子どもたちのからだの異常が顕著にあらわれ、多方面から注目されています。アトピー性皮膚炎、瑞息などのアレルギー性疾患が増え続け、保健・医療の専門家も警鐘を鳴らし始めました。食生活をはじめ日常生活の変化が、子どもたちの正常な発達を阻害する要因となっています。

数年前に全国保団連のおこなった「学齢期シンドローム」の調査結果も、将来を大変憂慮させるものでした。いまや私たちは食と環境問題を通して、地球規模の人体実験をされているといってもよいと思います。医療労働者が、これら国民のおかれている健康状態に広くかかわることが求められています。

国民の健康実態

社会的不健康の増大

今の社会での健康阻害要因をとり除くには、地域での共同の運動が大切ですが、高度経済成長以降の社会は人びとの心をバラバラにし、物・金優先の社会をつくってきました。結果として協同する思想を忘れさせ、また人権や人命を軽視する思想もはびこるようになりました。これらは人間が人間らしく生きることの尊さを大切にしない、「社会的不健康」の増長といえます。

世界一高い老人の自殺率（アメリカと比較すると65歳以上で3倍、75歳以上では7倍）や、増加する交通事故、犯罪や青少年の麻薬・覚醒剤の増加、添加物などの有害食糧の拡大、食生活の乱れなど、社会・政治状況に起因する問題が大きくなりつつあります。

いま心ある人びとのなかから、広くは地球環境の問題からはじまり、さまざまな部面での「健康」や「自然」をとり戻す地道なとりくみが住民運動として全国に広がりつつあります。私たち医療労働者も地域で、これらの運動に参加することが求められています。課題が山とあります。

高齢化の進行―高齢社会危機論と老人差別―

政府が大企業本位の経済成長を保障していくうえで、高齢社会危機論をあおり、医療・福祉の分野で老人差別を恒常化しようとしている諸施策は目にあまるものがあります。「永年社会の発展に寄与した老人は社会のみんなから敬愛され……」の老人福祉法の精神は、どこへ吹き飛ばされたのでしょう。

医療労働者の状態

労働強化のもとでの医療労働者の健康破壊

全労連婦人部がおこなった女性労働者の健康実態調査には、日本医労連から18組合、２０７６人分が集約されました。「疲れの回復」についての質問では、「回復せずいつもつかれている」人が25・３％と4分の1もあり、「疲れが翌日に残る」人45・９％を合わせると71・２％にも達しています。

「最近の自覚症状」についても、「ちょっとしたことでもカンにさわる」(42・２％)、「何かでパーッと憂さ晴らしがしたい」(57・２％)、「ゆううつな気分がする」(34・８％)、「自分の好きなこともやる気がしない」(27・９％)、……と、いずれも高い精神的疲労の症状がみられます。

そして、「先月1か月の間にからだの具合が悪くて仕事を休もうと思ったことがあった」人は43・５％に、また、何らかの「常用薬」を持っている人は約60％に達しています。鎮痛剤を常用している人は25・０％、胃腸薬は17・６％もおり、睡眠剤3・0（63人）、安定剤2・6％（53人）、強壮剤2・5％（52人）という実態で、自分が「健康である」と答えた人は、わずか23・４％となっています。

このようななかで、10・6％の人が過労死への不安を「強く感じる」と答え、「少し感じる」と答えた人43・6％を加えると54・2％と半数強の人が過労死を意識している実態です。

週休2日制への社会的な動向のなかで、もともと人員体制が貧弱な医療現場のもとで、増員なしの、また極めて少ない増員での週休2日制への移行は、今後の増員の必要性を不可避的な条件としています。これらの事情が、労働強化に拍車をかけています。

日本医労連の夜勤調査（1994年6月）でも、看護婦の夜勤で、1か月10回以上の人が15・6％もおり、9回以上では41・3％に達し、平均でも8・14回と、8日夜勤に到達しない状況です。そして、看護の「合理化」や新たな労務管理の強化のもとで、「仕事は忙しくなるばかりで、その上に時間外の研修や研究会に追われ、くたくただ」との声が出されています。

慢性的な人手不足をなくす、人員配置基準の見直しと診療報酬の改善が必要になっています。

医療政策と経営のしわ寄せが患者と医療労働者におしつけられている

政府の徹底した医療費抑制策の結果が医療機関の経営を圧迫し、そのしわよせが全面的に医療労働者に向けられています。人減らしの「合理化」、賃金抑制、労働強化、週休2日制のおくれ、年休、代休の未消化、権利の侵害、お礼奉公など、前近代的な労働実態がまかりとおる現状にあります。

患者・国民の医療要求・看護要求の高まるなか、それにこたえるうえでも医療経営者は、経営悪化のよりどころの明白な理由を正面にすえ、国・自治体にたいする正当な要求を主張し続けるべきです。医療経営を困難にしている根本的原因へのたたかいこそが必要で、その場面では労働組合や民主団体との共闘も可能です。

良い医療をおこなう条件づくりを国民合意のもとにすすめる必要があります。ナースウェーブなどで看護婦確保法成立によせられた国民的支援の教訓を広げ、国際的にも高水準に達した日本の医療が、そこに働く医療労働者の献身的努力と犠牲によってできたものであることを国民に大きく訴えていく必要があります。そこから生まれる人々との共感こそが私たちの援軍となります。

国民の命と健康と人権を守る医療運動

全国各地でねばり強く運動

厳しい攻撃のなかで、国民の命と人権を守る医療運動が全国でねばり強く展開されてきています。

病院給食の有料化に反対する闘いは、署名が５００万を超え、有料化反対決議をした地方議会も約１０００議会に達しました。そして、職能団体である栄養士会、患者団体、医療団体、老人団体、労働組合などの連携した運動となり、今後の運動に大きな教訓を残しました。日本共産党を除く政党が総与党化し、これまでの政府・自民党の政策を推進するなかで健康保険法の改悪・病院給食有料化は国会で強行されたものの、強行されるやいなや、これまでの運動の蓄積の上に立って、乳幼児、身障者、老人、母子家庭などへの、地方自治体による自己負担分の助成・無料化の運動が瞬く間に程度の差はあるものの、厚生省の圧力に抗し19都道府県（9月20日現在）に拡大しました。

「保険でよい入れ歯を」の運動は、92年に全国連絡会が結成され、各県でも運動が広がり、賛同の地方議会決議は約1600と、全国の地方議会の過半数に達しようとしています。また、国保料（税）引き下げの自治体は314自治体に広がり、乳幼児医療無料化は94年春に沖縄での実施を実現させ全都道府県に拡大しました。「良い看護」を求める運動や、国立病院を守る運動、安全な国民の「食」を求める運動、小児医療の充実を求める運動など、全国でもねばり強く展開されています。

とくに、国立病院統廃合反対の長寿園闘争（群馬県）のなかから生まれ、全国の支援を受け住民とともに民主的な診療所をスタートさせた運動は、私たちに大きな教訓を示してくれました。

調査や政策活動も

日本医労連ではよい医療を求めるとともに、医療労働者としての働きがいをも追求し、調査・政策活動に取り組んでいます。1年間の討議と311病院の実態調査をもとにした「臨床検査政策」の発表につづき今年（1995年）度は、病院給食への輸入米導入に対する実態調査（425病院）をおこない、その問題点を集約し、社会的にアピールするなどの取り組みで、大きな反響を呼びました。

日本医労連で街頭アピール

そして、これらの取り組みの中心になったのが、医療研の関係する分科会運営委員であり、今後の労組の調査・政策活動と医療研運動の連携についての方向性を示しました。

また国民医療研究所は、限られた条件のなかでも、看護講座、薬シンポ、医療の公共性研究や看護問題・地域医療の研究、そしてエイズアピールの発表、情報提供などの活動を積み重ねてきており、医療労働組合はもちろん広く医療関係者の、国民医療研究所との連携強化が求められています。

医療・福祉のネットワークと地域づくりの運動

日本の社会で緊急な課題となっている高齢者福祉の充実は、地域での計画化と具体的なとりくみが急速にすすみつつあります。それは、住民要求の高まりと行政として避けては通れない地域課題になっているからです。そしてこの高齢者福祉のバックアップに医療が欠かせないものであることは原理的にも、また各地の経験からも明らかです。いままでとかく医療は医療、福祉は福祉といった縦割の枠のなかの業務や運動でしたが、それを必要とする人にとってはその垣根は無用のものです。必要なときに必要なサービスがいつでも提供できるためには、医療と福祉のネットワークは不可欠です。先進的な地域ほどネットワークづくりはすすんでいます。これは高齢者が安心して住むことのできる地域をつくる運動です。医療労働者の出番が待たれています。

「共同行動」の推進役に

患者・国民とともに、職場と地域から、中央・地方で医療を守る運動を強めることが、いまほど医療労働者に求められているときはありません。まさに、日本の医療制度の激動期にあって、国民の医療を守る「共同行動」を中央・地方で発展させることは、医療労働者の任務であり、働きがいを守り、医療労働者としての誇りを守る道でもあります。

医療民主化の今日的課題

医療を患者・国民本位のものにする民主化の今日的課題は、①患者・国民の生存権・健康権を奪う政府・財界の医療改悪の意図を見抜き、それを阻止する国民共同の運動を構築する課題、②患者の人権と医療労働者の人権を一体的にとらえ、守り発展させる課題、③患者が医療の主人公となる課題、④国民が安心して医療を受けられるために、医療の受け手と担い手が共同する課題、⑤医療を営利追求の場にさせない課題、⑥医療機器、医薬品メーカーの横暴を是正させ、薬害のおきる構造を根絶させる課題、⑦看護婦確保法を実効あるものにさせ、患者・国民の看護要求を実現させる課題などがあります。

医療研運動の意義

医療情勢に見合った運動構築の緊急性

医療研運動は医療労働者自身の要求実現と、患者・国民のいのちと健康を守る運動を、統一的にすすめる医療産別の誇りある運動の中心となるとりくみです。

老人保健法、健康保険法、国保法、医療法、診療報酬などの「改正」をつうじて、すすめられてきた医療での臨調「行革」はその全容をほぼあらわにし、医療を受ける患者・国民にとっても、また医療労働者にとっても、もはやこれ以上の後退は許されない状況をむかえています。これは、医療労働者と患者・国民が連帯し、国民本位の医療をつくる絶好の機会であるともいえます。まさに医療研運動の出番です。

労働運動と社会の民主的発展の方向

労働組合は、単に組合員の要求実現のための運動のみでなく、人びとが人間らしく生きられる社会の実現をめざします。しかし、それはひとり労働組合の力のみで達成できるものではありません。患者・国民、広範な人びととの連帯があってはじめて実現できるものです。

すべての医療労働者が真に患者・国民の立場に立った医療の確立に努力し、その専門性を生かしつつ地域のなかに入り、住民とともにいのちと健康を守るさまざまな運動を軸に地域づくりに真剣にとりくむなら、そして医療の現場で、患者本位の医療の実践に真剣にとりくむなら、私たちの協力者は大きく広がります。そのような幅広い運動による私たちの陣地づくりが、医療労働者の生活要求や権利を守る運動そのものをも、前進させることは歴史が証明しています。労働運動のめざす方向を社会の民主的発展の方向と一致させることが目標です。

患者の立場にたって仕事の総点検

近年、医療におけるインフォームド・コンセントが医療界の大きな課題になっていますが、ひるがえって日本の医療が古くからもつ閉鎖的な「特権性」は、どれほど多くの患者・家族に医療への不信を与えてきたか分かりません。それを抜本的に改善し、私たち医療労働者が主権者としての一人ひとりの患者の権利を守ることに、格段の努力を払う必要があります。日常の仕事を患者を主体にして見直し、患者の権利を守るという立場からも、医療の専門家として最善をつくすという立場からも職場での業務を総点検する改善運動は極めて重要です。その実践の努力が患者との共感に発展していくことは間違いありません。

94年第22回医療研究集会の第四分科会「私たちはこんな看護がしたい」で報告された、盛岡精神病院の猪苗代昭男さんによる「清潔指導を通じ人権を考える」のレポートは教訓的でした。その内容は、新人スタッフが朝、患者さんの顔を観察したことが研究の動機となり、患者さんが人として当り前の洗顔をする、その権利を保障し、自立性を高めるためのとりくみをした報告でした。そして、清潔という日常的な援助行動を可能にした背景には、職場の民主化とケアをする側の人権も保障されなければならないことが明らかになり、職場のスタッフの意識も変わったといいます。このレポートに参加者から次々に発言があり、「いま悩みながら頑張って仕事をしているが自信がついた。ありがとう」「こんなすばらしい経験が聞けて嬉しい。ともに頑張ろう」など、熱い共感が寄せられました。医療研運動の原点をみる思いです。

このような医療研運動の前進があるなか、患者さんから寄せられる医療への不満は、医師に集中する傾向があります。それは、医師が直接患者さんへの医療行為にかかわるからです。であればなおさら、私たちの医療研運動に医師が参加するよう働きかける必要があります。現実は困難ではあっても単位組織で方針化することが大切です。

「新しい医療労働者像」のやむことなき追求を

このようなとりくみは自覚的な医療労働者によって支えられますが、その重要性を心底から考え、日本の医療を患者本位に変えていく主体者として、また人権の担い手として実践していく労働者、その実践によって患者・住民から人間的にも頼りにされる労働者、そしていつも社会正義のために情熱をもやす労働者、そのような人間像を育んでいくことが、医療研運動の大きな目標です。そのやむことなき追求のなかで、医療労働運動の質も高まっていきます。

10月から実施の病院給食有料化問題は、1995年の医療産別の重要なたたかいの一つでしたが、このたたかいの中心的な役割を果たしたメンバーのなかに、病院の給食現場の人たちがいます。この人たちのなかには、かつては組合活動などにほとんど関心がなく、家と職場の往復だけという生活の人もいました。しかし、給食の一部委託問題が職場に持ち上がってきたことを契機に、自分たちが患者さんの食事をつくる仕事はいったい何なのかを問い直し、ここから労働組合の活動に飛び込んでいきました。調理師の仕事をしながら、それまで人前で話しをすることなど全くなかった人が給食研究会の要職に推され、病院給食改善のために精力的にとりくみ、有料化反対のたたかいの先頭に立つなど、目ざましい活躍ぶりです。調理師としての技能を高める日常の努力と、積極的な医療労働運動とを統一的にすすめる典型といえます。このような医療研運動のなかで、常に患者さんを主体に仕事を考え、広い視野で情勢がみられるすばらしい労働者に成長した、と、まわりの仲間は高い評価をしています。

いま生まれつつあるこのような、一つ一つの新しい医療労働者を育てる典型を教訓に、全国にそれが広がることが期待されます。

組合として医療研運動を明解に位置づけ

各機関で明確に医療研運動を組合の運動として位置づけ、発展させていくうえで、それぞれの機関の会議で決定することが重要なことは、すでにいくたびか指摘されてきました。しかしまだ残念ながら、実態はあまりすすんでいません。組合運動の将来展望を、総合的にディスカッションする場が少ないからです。困難な情勢にめげず、国民の期待にこたえられるような医療労働組合の運動をどうつくっていくかの議論を深め、医療研の位置づけを明確にし、時間がかかっても組合の力をつけることに、真正面からとりくむことを再び提起します。

継続的な日常活動を基本に

医療研運動を推進していくうえで重要なことは職場・地域を基礎にした継続的な日常活動です。医療研究集会を一年に一回、たんなる行事としてだけで終わらせるのでなく、前回以後の実践の報告や新たな課題をもち寄り、交流し合い、討議し、そこから更に次の目標を決め、次の活動に踏み出すという流れの一つの節目を集会とする、これが研究集会の位置づけです。このことを組合員も組織も、もっと明確にしましょう。そうでない限り医療研究集会は、生き生きした、より内容の豊かなものへと発展していきません。今年も秋になったから誰か代表が顔を出せばいい、では困ります。

組合として医療研運動・医療研究集会参加を定着させるかなめは、まず担当部署の明確化です。1994年の集会の後、医療研運動の日常化のイメージがわくところを紹介してほしいという意見がありました。医療研究集会を独自に開催している長野県厚生連労組の例をみると、県の単一組織段階でも、各支部でも執行部のなかに医療研担当者がきちんと配置されています。この委員が中心となり日常的な医療研運動の追求、医療研究集会の開催・参加について責任をもってきりまわしています。全国集会の前には参加者を中心に分科会問題提起などの事前学習をおこない、一人ひとり参加分科会を決め、目標をもって参加します。集会のあとは報告集をつくり、報告集会を開き、成果をみんなのものにする努力が続けられています。日常的には地域医療懇談会の開催、住民アンケートの実施などをとおして会（厚生連）や病院にさまざまな政策提案をし、実践も積み上げてきました。地域のなかでは医療労働組合としての専門性を発揮し、食や環境問題、高齢者福祉の課題などで住民のかたがたとともに住民運動を展開しています。このような活動は医療研運動を地でいくものですし、組織のなかに担当者がいてこそできるものです。

職場の民主化

医療研運動を職場に定着させるためには、職場の民主化の課題を避けることはできません。職場のなかに自主的なサークルや研究会が草の根的につくられ、それらの活動によって職場が変わっていくために職場のなかの合意が大切です。仲間の創意が生かされるように職場を民主化し、職制をもこの運動の協力者にしていくとりくみが求められています。また、職種間の対等・平等化と、協力・共同の関係の確立も職場の民主化にとって欠かすことができません。

人づくり

私たちの運動はすべて、それを担う人間集団の質によって左右されます。どういう人間集団をつくっていくことが運動の発展にとって必要なのかを明確にし、そのための〝人づくり〟を追求することが大切です。そしてそれはいくつかの場面において系統的に、意識的におこなわれる必要があります。

日本の社会保障史に残る大後退が強行されようとしている今、もしこれを許すならば私たちの次の世代に、はかり知れない重荷を負わせることになる、この時代にこそ医療労働者らしく生きる証しを実践することが求められています。

1995年の春から、アメリカのスピルバーク監督の映画『シンドラーのリスト』が上映され、大変話題になり、また劇団「銅鑼《どら》」による『センポ・スギハーラ』という劇も注目されました。いずれもナチスのユダヤ人迫害の時代に、体をはって人びとを救った主人公がえがかれています。少し大きく言えば、今の時代はあのように生きる勇気が必要なとき、ではないかと思います。

分科会討論の重視

研究集会の成否を決める重要な要素の一つは分科会の討論内容にあります。問題提起、実践報告、討論、まとめ、次の課題の確認等、実りある分科会を組み立てるには、各運営委員の準備作業が決め手になります。

参加者もあらかじめ自分の参加する分科会を早く決め、事前学習をし、職場に何を持ちかえってくるかの目標を、はっきりさせて参加することが必要です。そして分科会を豊かなものにする保障は、たくさんの生き生きしたレポートです。95年は94年よりレポートが増え、91本となりました。しかし、このうちの65％は6つの分科会で占められています。まだ偏りがあります。全日本教職員組合の教育研究集会は、「参加者をレポートで組織する」とまでいわれるくらい、レポートがたくさん提出されます。それも地方・県から全国へと積み上がってきたものです。日常の教研活動がどんなに多くの職場で、層が厚くおこなわれているかが分かります。医療研もこれに近づける努力が必要です。

職域の枠のなかの討論から、医療・福祉の課題、地域の課題の討論重視へ

医療が当面する重大な状況は、医療に直接かかわっている医療労働者の立場からも、患者・国民の立場からも、後にはひけぬ状況となっていることはすでに述べてきました。そしてこの医療研運動が、医療産別の運動の二本柱、（医療労働者の要求実現と患者・国民のいのちと健康を守る）を基軸にした運動であることもくり返してきました。しかし医療研究集会の分科会討論では、スローガンは「国民とともに」をかかげつつも内容は、医療労働者の職能・職域別の枠のなかの討論や実践報告にややもすると終始してきたことの反省から、分科会の組み立てが前進し始め、医療研らしい討論の場に変わりつつあります。

地域の人びとの望む医療を考える
「地域医療懇談会」

いま医療をめぐる状況は、ひとり医療の枠にとどまらず、人口の高齢化の進行とともに、医療と福祉の連携の課題が当面しています。また、患者・国民の側からの医療への積極的な働きかけもあります。これらの状況に的確に対応できるようでなければ二本柱の実践とは言えません。

このような視点から医療研究集会での討論や報告は、できるだけ職場や地域において医療労働者に求められている具体的課題を重視するようにします。そしてそれらの課題の実践のために医療現場（労働条件など）がどうあらねばの議論をすることを本筋にしていくことが重要です。

第22回医療研究集会参加者アンケートには、「労働組合として医療の中身をこんなに深く討論したことはなかった。物の見方が広がった。課題別集会のなかで〝常識をもった運動を〟ということを言われ、心にささった。

自分にとって当り前でなく、患者・住民といっしょに当り前の運動になるよう努力したい」などとありました。

95年6月に開催された秋田・愛知・新潟の各県医療研究集会は、この点で一歩踏み出した集会となり、今後の発展がいっそう期待されます。今集会でも「課題別集会」として「患者の権利」「院内感染」「老人保健福祉計画」をとりあげ、私たちの運動の視点を広げるのに役立てることにしています。

開かれた医療研に

それには、医療労働者と患者・住民のかたがたの参加による共同の討論の場が、当然準備されなくてはなりません。まだまだ内輪の医療研をにわかにすべての分科会でその実現は困難にしても、患者・国民とつくる「開かれた医療研」の開催を、積極的に準備する必要があります。国民医療研究所との協力・共同をいっそう前進させることも重要です。

前記「教育研究集会」には父母と一緒に討論する分科会があり、また自治労連が事務局を担当する「全国地方自治研究集会」では、全国の民主的な21団体が共同実行委員会をつくり、そこに地方議員や住民が多く参加し、集会の内容を豊かなものにしています。医療研でも「看護」の「患者・住民が求める看護」分科会で、住民のかたがたの参加がはじまりました。この課題は、医療研の発展にとって重要な鍵を握るものとなります。

地方医療研の再開・充実を

全国医療研の毎年開催の前進面をうけ、新たに医療研集会を開催したところもありますが、全体的にはまだ停滞傾向にあります。定期に開催している14の地方医療研の経験を学び、中断しているところでの再開、内容の充実をはかることが大切です。県段階での方針決定機関の意気込みと、中央の医療研委員会の援助も必要です。

運動課題が多いなか、それに加えて医療研究集会までは県の力では開けない、とする考えが開かれていない県では一般的にあります。しかし、医療研を他の運動課題と別枠だと考えること自体を克服しないと、患者・住民が求めるような医療労働者の運動水準には達しえません。

いま定期開催している県も、決して楽に開催しているわけではありません。しかし、医療研が全体の運動のなかの一つになっていることと、それに情熱を燃やし続ける〝人〟がいることがこれらの県で開催できる共通の特徴と言えます。そして組合幹部だけにまかせるのでなく、力のある組合員が担当者になるなど積極的にかかわることが大切です。開催地元の愛知県では、３年ぶりに集会を開き、ずっと続けようと意気に燃えています。改めてこの場で地方医療研の再開・充実を呼びかけたいと思います。

社会進歩の運動に貢献しよう

医療研運動で医療労働者が患者・国民と連携する条件は大きく広がっています。臨調「行革」による国民いじめの政治から、国民本位の政治に転換させ、安心して住み続けることのできる社会を築くことは勤労国民すべてが求めていることです。この国民との共同のたたかいによって政治の革新、社会の進歩をかちとることが日本社会での急務となっています。

医療における組織労働者の過半数は日本医労連に結集しています。この組織が更に運動の量、質を高め、その持てる力を発揮することが社会進歩の運動にどれだけ貢献するかはかり知れません。このことを自覚し、歩調をととのえ、更に意気高く歩み出そうではありませんか。

四．食糧と健康守る共同を

草の根で

地元産無（低）農薬野菜の病院給食への導入

病院給食への無農薬特別メニューを契機に

1988（昭和63）年9月21日、彼岸の日。病院の会議室には、その日入院患者さんの昼食に出した「特別メニュー」を試食しようと、20人近い人たちが集まっていました。北佐久郡北御牧村の農家の代表、病院の関係職員たちです。この日の特別メニューは、ごはん、肉じゃが、冷奴、さんしょうみそ、かき卵汁、かぼちゃパイと、すべて北御牧村でできた無（低）農薬食品だけを材料に使っています。橋詰調理主任の企画です。

試食しながら感想を述べ合っているときです。北御牧村母親連絡会責任者の小山美智子さんが、突然しゃべり出しました。「私は農業を30年近くやってきたけど、さっき味わったような感激は初めてです。だって、私たちのつくったものを、患者さんがあんなに喜んで食べてくれるんですから……。いままで私たちは何をつくっても、農協へ出荷してしまえばあとはどこのどなたさまが食べるのかまったくわかりませんでした。しかし、病院に直接出せば、こうして喜んで食べてくれる人の顔が見れるじゃないですか……。ほんとにうれしくて……」。一同シーンとしてしまいました。そして居合わせた者はみんな、「これだ！」と思いました。つくり手と食べ手との共感、顔の見える関係のすばらしさを実感したのです。

長野県厚生連小諸厚生総合病院の栄養科では、病いとたたかう入院患者さんの生活を、給食をとおして少しでも潤いのあるものにと、さまざまな工夫を試みてきました。そのなかにはすでに83年から実施している夕食の配膳時間をおくらせる取り組みなどもありますが、いま患者さんからたいへん喜ばれているのが「特別メニュー」です。月2回、四季折々の行事にちなんだ心づくしの料理を、市川栄養科長を先頭に全スタッフが協力してつくります。いつもとちがったきれいな器に、その都度メッセージを添え、患者さんに届けます。そしてアンケートが返ってきます。無農薬野菜の特別メニュー、彼岸の日のアンケートにはこんな声が寄せられました。

「私も農業経営する一員として無農薬栽培を手がけております。病院で、入院された患者を思っての無農薬、無添加の安全食品を選ばれるのはたいへん賢明な策です。何が入っているかわからないような外国の輸入物のほうが、安く購入できるという安易な考えだけでは、もはや世界最長寿国などと言っていられなくなるでしょう。たいへんおいしくいただけ、安心して食べられることは、当院の思いやりやら、心づくしからだと厚く御礼申し上げ、感謝いたします。２０１号室Ｍ」。

栄養科職員の努力が入院患者さんに通じ、逆にどんなに励まされたかわかりません。

病院の患者給食に無（低）農薬野菜を取り入れたからといって、にわかに患者の健康状態が好転するといったものではないことを私たちは十分承知しています。では、なぜあえてこれに挑戦するかです。協同組合が、人びとにとってほんとうに住みよい社会づくりの理想を求め続けるなら、厚生連が、保健・医療の現場でそれを実践しようとするのも、これも一つの手がかりではなかろうかと考えます。

私たちは、病院でのこの間の経験を生かして、これを地域の学校給食にも拡げる運動をおこし、１９８９年５月から小諸市内小・中学八校に供給が始まりました。まだ全食材の10％程度ですが、子どもが変わり、親が変わるドラマが生まれています。１９９０年４月の佐久地区食健連との共催でおこなわれた第21回地域医療懇談会では、「学校給食を地元で支える佐久地区連絡会」の結成準備が、参加者全員によって承認されました。病院と地域との絆は、この運動でいっそう強まっているように思えます。

「それでもあなたは食べますか」

有名になった外国でのポストハーベスト（収穫後農薬散布）と、それによる輸入食品の危険性への不安から、農協婦人部や生協のお母さんたちがバスを仕立てて横浜の港見学に出かけました。見てはいけないものを見てしまったような驚きと恐ろしさに、帰りのバスのなかは異様な雰囲気とな

佐久食健連で種苗交換会

りました。婦人部は早速農協に申し入れてビデオを購入し、支部単位に『それでもあなたは食べますか』(全農映)の上映運動に精力的に取り組みました。そんななかで病院の労働組合は、住民のいのちと健康を守る運動の重点を、〝食〟にしぼることを決め、本腰を入れだしました。

88（昭和63）年4月の第11回地域医療懇談会は、「食と健康」をテーマに取りあげ、日本人の近ごろの食生活の実態と健康との関係を勉強し、組合で購入した『それでもあなたは……』の16ミリを観たあと話し合いに入りました。

場所は小諸市与良公会堂。1階ホールは立錐の余地がないほどの超満員です。小諸市・北佐久地方の農協婦人部や生活指導員の人たち、保健補導員や保健婦、栄養士、PTA役員、地元の生協組合員や市民グループの人たち、有機栽培農家、病院の職員、そして松本からは県民生協の祖父江哲一常務たちが、カンパのコープジュースを幾箱も車に積んでかけつけてくれました。

改めてたいへんな実態を知った参加者は、「とんでもねえことだ、このまんまじゃえれえことになる！」と会場の中が騒然となりました。座長をつとめていた労働組合執行委員長は、「ただ驚いていても仕方ない。なんとかしていくための方策を、みんなでできることから考えていこう」と問題提起しました。

安全な〈食〉への取り組み

「映画の上映運動を起こし、もっと多くの人たちに現実を知ってもらおう」と口火を切ったのは桜井よね子生活指導員。「農家だって外国からの輸入農産物に押されっ放しでだまってはいられない。そのうえ毒の物を食べさせられるなんてもってのほかだ。私たちは母親グループで無農薬野菜づくりに取り組んでいるが、こういう運動をもっと広げたい」と北御牧村の小山さん。

病院の職員からは「私たちの健康を将来にわたって守るうえで、いま安全な食べものを確保すること、そのためにはどうしても地域の農業を守ることが切り離せない。地元で穫れた安全なものをまず地元で食べることから始めよう」と熱弁。「そうはいったって、農薬使わねえで野菜つくるなんてことはそう簡単にはいかねえ。虫っ喰いやかっこうの悪いもの、みんな消費者は引き取ってくれやすかい？」と年輩の農協青年部員。

座長がまとめて、「なんとかしようという思いはみんな共通です。そしていま、日本中でこういう波が起きています。それに確信をもってまず自分たちのできるところから行動を起こしましょう。一つ、上映運動を広げる。二つ、地域の人たち、患者さんの健康を守る立場にある厚生連の病院が、まず地元農協・農家の協力がえられれば、入院患者の給食に無（低）農薬野菜を取り入れたい。運動の口火を切るために、参加者のなかでどなたか協力を」。こんなことを労働組合が勝手に言い出せるわけはありません。組合の考え方をあらかじめ院長に伝え、大筋での了解がえられていたからです。院長の方針として、この取り組みはまず一般的な商取引だけの考え方でいくのではなく、農協運動の視点を大事にしていく、したがって病院としての経営上の枠は当然基本としつつ、生産者と病院がお互いに譲歩し合って、一つひとつの問題をのりこえていくことが確認されていました。

「どのくらいのことができるかわかりませんが、私たちのグループで検討させてほしい」と北御牧村母親連絡会会長の小山さんが立ち上がりました。みんなの視線がいっせいに小山さんに集中しました。母親連絡会は、87年7月に第1回の母親大会を村で開いた〝力持ち母ちゃん〟たちのグループです。共同の畑を借り、畜産をやっている会員のところから堆肥を運び、無農薬で悪戦苦闘しながら玉ネギをつくり、村の学校給食に提供しています。病院祭の青空市場にも毎年協力してもらっています。この母ちゃんたちが、私たちの提案を受けて立ってくれることになったのです。

生産者や地元農協との交流・学習

これから先、いよいよ産・消の関係を具体的につめていくことになりますが、それと合わせてすすめていかなければならないいくつかの課題があります。その一つは院内の受け入れ体制です。長野県厚生連では給食材料費を統一的に決め、各病院はその範囲内で材料を購入しています。生産者側との間でおこなう価格の設定は、生産の体制がまだ安定・大量といかないため変動の幅が大きいことが予想されます。その場合の病院側の材料費の枠をどうするか。また今まで市場出荷をとおして野菜を購入してきたなかでは規格は注文どおり、必要とするだけの量が手に入ってきましたが、不作時の品切れなどを想定すると、現場の業務は従来どおりにいかない、これらの問題をどうするかです。院長と労組幹部との話し合いでは、まずこの取り組みは一般的な商取引でなく、農協運動として考えよう、したがって病院としての経営上の枠は当然ベースにしつつも、生産者と病院がお互いに譲歩し合って一つひとつ課題をのり越えていくことを確認し合いました。この方針をうけて栄養科の現場でも、病院がなぜいま患者給食に安全野菜の導入をしようとするかの話し合いをくり返しおこないました。

北御牧村では農協が音頭をとり、病院の職員を励ますかのように8月8日、生産者と職員の交流の場を設営してくれました。中八重原の高台にある稚蚕飼育所の大広間で、村内産の野菜・豚肉の煮物を食べ、冷えたビールを飲みながらの交流会は、つくり手とつかい手の心を一つにするよい機会となりました。

労働組合では、『それでもあなたは……』の上映運動に取りかかりました。幾晩も幾晩もフィルムと映写機を担いでの集落まわりです。

一方、労働組合主催の院内医療研究集会（毎年開催）では、日本農村医学研究所の浅沼信治主任研究員を招いて農薬汚染の学習をし、分科会討議では医療労働者の社会的責務を話し合うなど、組合員意識の底上げを図ろうと懸命な努力がおこなわれてきました。

無農薬へまずできることから

1日約900食もの病院給食に使う野菜の量は相当なものです。とても無農薬栽培でそれだけのものをまかなうことは無理だというのがおおかたの意見でした。さらに天候に左右される作柄のこと、価格のこと、集荷・運搬のこと、どれもこれもみんな不安材料のみです。最初の申し合わせは、まずできるところから始めていく、ただちに無農薬がむずかしいものは、無農薬を目指しつつ減農薬から始める、作物ごとの防除基準をつくり年ごとに無農薬に近づけていく、その基準内で栽培できる人たちの生産者組織をつくる、作物ごとの生産担当をきめる（母親連絡会は玉ネギ、青年部はじゃがいもというように）、事務局は農協に引き受けてもらうよう交渉する、価格は生産者と病院が歩み寄って決定する、などでありました。経過が少しさかのぼりますが、4月の地域医療懇談会がすみ、北御牧村の生産者のみなさんと病院との話し合いが始まりました。

5月12日夜、村福祉センターの会議室には、母親連絡会の呼びかけで農協青年部、婦人部、農業後継者の会、生活改善グループなどの代表が約30人、病院からは健康管理部課長の私、栄養科の市川信子科長、橋詰一男調理主任、佐野久美子栄養士たちです。重い荷を背負った母親連絡会は、仲間を増やし、生産体制を広げなければ病院の要望に応えられません。医療懇談会のようすや北御牧村で担いたい役割などを一語一語心をこめて会長の小山係長さんが説明します。病院からは私が、「いま農業、食糧と健康を一つに結んで守ることが大切であり、長年の保健活動をとおして深めてきたきずなを、北御牧村の人たちと病院とが共同の運動として取り組めるなら、こんなにうれしいことはない、ぜひご協力を」、とお願いしました。

「話の趣旨はわかった。だけどこれはえれえこんだぞ。だいたい病院は、何をどのくらいほしいだい」と切り出したのは青年部の荻原部長さん。「みんな無農薬だなんていったって、とてもそんなことできねえ。もしやっていっぺんに収入が落ちてしまったら食べていかんねえや」「値段はどうやってつけるだい」「だれが荷集めして病院へ運ぶだい」などなど、次から次へもっともな不安が飛び出してきます。司会役の武井係長さんが、必死になってそれらの一つひとつをとりあげ、話し合いをすすめていきます。

この晩の会で申し合わせたことは、まず、できるところからやっていく。直ちに無農薬がむずかしいものは無農薬を目指しつつ減農薬から始める。作物ごとの防除基準をつくり、その基準内でやれる人たちの生産者組織をつくる。作物ごとに生産担当をきめる（母親連絡会が玉ネギ、青年部がじゃがいもというように）。事務局担当をどうするかの話し合いを詰めていく、などでした。また価格の問題については、生産者、病院の双方が歩み寄って決めるという基本線を了承し合いました。いよいよスタートラインに立ったのです。

このあと現地と病院担当者との間で何度も打ち合わせがおこなわれ、7月19日、記念すべき玉ネギの第一便が病院栄養科の入口に到着しました。北御牧村農協では、組合長をはじめ担当課長が組合員の要望に誠意をもって応え、この仕事に担当職員を一人配置してくれることになりました。そして後日、組合長の命名で、生産者の会は「うまいもの会」と名づけられました。

使用した野菜は玉ネギ、じゃがいも、ニンジン、かぼちゃの根菜類を中心にしたものから、梅漬け、野沢菜漬け、たくあん漬けへと広がり、現在は村の農産加工工場でつくっている「みまき豆腐」も使うようになりました。

価格の設定

価格は通年統一価格にしましたが、それを決めるうえでもっとも大事なのはお互いの信頼関係です。取引ですから損得勘定がついてまわることは当たり前ですが、ただ、勘定だけを前面に出した話し合いではなかなかまとまりません。こういうことに取り組むそれぞれの思いを、お互いに理解し、協力し合おうとするものがどこかで通じていないとこじれてしまいます。

玉ネギの価格を例にとると、出荷の時期が何か月かにまたがれば、その間の市況価格は変動します。生産者が出荷する時期によって値段の高低があることは好ましくないし、価格保障的なものがないと生産体制が不安定になります。出荷が始まる前に、一応市況を参考にしながら農協が価格設定し、それでずっととおします。したがって病院が良かったり良くなかったり、生産者も良かったり良くなかったりということになります。価格そのものは、じゃがいもなども同じですが、市況の平均よりやや低いくらいです。生産者にしてみれば、市場へ出すときのような厳格な規格の分類や入れ物が必要でなくなり、かなり労力と経費が省けるし、まあまあといったところのようです。

こういう産・消の関係をつくっていくのに、農協が中に入ってどれだけ大きな役割をしていくかわかりません。その農協がどんな方針をかかげるかが、決定的に重要です。

全国的にもいくつか先進的な農協がありますが、北御牧村のような農協が、もっともっと増えていくことを願わずにはいられません。

このようにして、玉ネギは初年度２７５kgから２年目６４０kgへ、じゃがいも９００kgから１９１０kgへと大きく使用量が増えました。今後さらに、葉ものへの拡大も検討しています。

病院だけでなく学校給食にも

農薬や添加物などの化学物質に汚染された食品が、日本人の食生活、そして健康に重大な影響を及ぼすであろうことを知らされ、小さいときから毎日その危険にさらされている、子どもたちの健康の将来について、私たちは深く思いをはせざるをえなくなりました。そこから始まったのが学校給食支援の運動です。農林中金調査部研究センター（現在は㈱農林中金総合研究所）の調査によれば、学校給食を食べる年代の食習慣が、一生の食習慣を決める重要な要因となっていると言われていますが、そのことを考えても、学校給食にできるだけ安全な、地元で穫れる旬のものの味を取り入れることが、大人たちの責任といえます。しかし現実には、かなりの輸入食品を使っています。

病院給食に北御牧村の安全野菜を取り入れ始め、なんとかいけそうな見通しがでてきた88年9月、私たちは地元小諸市の教育委員会との話し合いを始めました。市内には8つの小中学校に約6000人の児童・生徒がいます。全校が自校給食方式です。すでに一部の小学校では、地元の有機栽培農家から野菜や果物を時季時季に少しずつ入れてもらっていましたが、これを8校にとなると、そう簡単にはいきません。しかし、市教育委員会学校教育課の栄養士、担当上司の皆さんの積極的な対応によって、準備のための話し合いが始まりました。行政機構のなかで、このような方向を出すことがたいへんであることは想像に難くありません。

88年9月30日、市教委、学校栄養士、調理士、有機農業に取り組んでいる農家の人たち、北御牧村の農家の人たちや生活指導員、小諸市農協の関係課長、それに病院職員らが第1回の懇談会を市役所西庁舎会議室で開きました。教育委員会でいちばん心配した生産者グループは、私たちが日ごろの地域活動のなかで顔のつながっているメンバーに呼びかけ、数人が参加してくれました。この日の話し合いは総論賛成、各論不安いっぱい、というところでした。4回、5回と懇談会を重ね、春の蒔きつけまでに一応計画がたちました。そして89（平成元）年5月17日、その朝とれた御影産のホウレン草が学校給食のお皿に初めてのりました。続いてレタスもグリーンボールもキャベツも、葉のぽたあっとしたつやのいいホウレン草を食べた子どもたちは、「ホウレン草がこんなに甘くておいしいものとは知りませんでした。おじさんありがとう」、と作文に感動をつづり、それを載せた『給食通信』が家庭にも届けられました。平成元年度は野菜の全使用量の10%の供給、2年度は20%を目標に計画がたちました。

私たちは、広い意味で地域の人びとの健康が守られるように、協同組合や労働組合が地域の問題に正面から取り組めるような力を持てるように、とやや荷の重すぎたことにエネルギーを傾けてきたのかもしれません。でも、それは少しずつまわりに変化を呼び起こし、89年4月の第13回地域医療懇談会では、「学校給食を地域で支える佐久地区連絡会」結成のための準備会が、参加者全員の大きな拍手のなかで歩み出すことになりました。

食料と健康を守る佐久地区連絡会

信州、佐久。ここは切り立つ八ヶ岳と雄大な浅間山の間をはうようにして流れる千曲川の始まるところ。その千曲川の流域に広がる標高６００ｍから１４００ｍの高原で、佐久平を中心に２市２郡（人口約20万人）にまたがる地方です。この佐久で、いま農民、労働者、消費者が一体となって地域の農業を守り、食糧と健康を守ろうとする運動が、大きなうねりになろうとしています。

自由民権運動で有名な秩父事件。その秩父国民党の参謀長であった菊池貫平が生まれたのは佐久です。彼の血をうけついだのか、佐久には農民運動の立派な先輩たちが多くいます。

乳価闘争は１９６１（昭和36）年、酪農民が生産者としての主権を主張し、乳業資本・明治に抗議して立ち上がった日本で最初の乳価闘争で、戦後の農民運動史の重要な一ページを飾るものです。１７００人の佐久酪農協組合員が、一滴の牛乳も出荷せず、ストライキをうちあげたたたかいは、あまりにも有名です。

このたたかいは、自民党の悪農政と農民を食い物にする乳業資本に対し、それによっていためつけられている牛飼いの、切実な要求を実現するたたかいでした。と同時に、アメリカの余った飼料用の脱脂粉乳を、日本の学校給食に使うことはけしからん、日本の牛飼いが搾った牛乳を子どもたちに飲ませろ、という日本の独立を主張する運動でもありました。佐久地方ではすでにこのとき、日本の農業と食糧と健康を守る運動の火ぶたが切られていたのです。

いっぽう、協同組合運動を母体にした農民・住民の健康を守る運動が、長野県厚生連佐久総合病院（若月俊一院長）を中心に1945（昭和20）年代からくり広げられていました。いのちと健康を大切にしようというヒューマンな運動は、あの農薬災害に警鐘を鳴らし、ついにDDT、BHCなどの使用禁止までもたらした先駆的な運動に示されています。

臼田町（人口1万6000人）では、行政、農協、佐久総合病院が中心になりつくっている臼田町有機農業研究協議会で、土地を肥やし安全な農産物をつくる実践が以前からおこなわれ、生協との産直もすすんでいましたが、農協婦人部では1988年春から「食の安全学習会」をとおして、家庭菜園で余ったものを佐久病院の構内を借り、「まごころ市」を始めました。また農協では、単に販売することだけでなく、地域の人たちに安全なものを提供し、関心をもってもらう「運動の場」とし、毎年7月から毎日、夕市を開いています。

また、全金・高見沢電機労組の婦人部では、毎月無添加食品を組合員に提供する日を決め、組合員から喜ばれています。

いっぽう佐久市では、佐久市の学校給食センター（3か所）と自校方式1校の4つを一本化する計画が市からだされてきたことから、食健連に参加している女性たちや母親大会に参加している仲間たちが中心になり、「佐久市の学校給食を考える会」を組織し、地区ごとに学習会を開き、全市

楽しく歌って語って食す「食と農のつどい」

的な運動にしていく準備をいま急ピッチですすめています。食健連として全面的にこのたたかいにかかわっていくことを決めました。

千曲川流域のリゾート開発――ゴルフ場造成ラッシュとそれによる水質汚染、環境破壊にたいするたたかいが始まりました。ゴルフ場問題は、その造成予定地のいくつかが上水道水源地の近くにあることから、散布農薬による水の汚染が住民の健康に重大な影響を及ぼすことは明白で、それぞれの自治体単位につくられている造成阻止の住民組織・水と緑の会などの運動に積極的に参加していくことを確認しました。

これら幾多の運動の積み重なりが、いまの佐久地区食健連（佐久地方食糧と健康を守る各界連絡会の略）の土台になっているように思えます。医療労働組合運動の社会的活動の一つです。

地域の人びとの健康を守る運動の重要なテーマの一つ

として、生活習慣病対策——食生活の改善が唱えられて久しくなりましたが、農協婦人部（現ＪＡ女性会）など女性団体が中心となり、とりくみを強化している最中、１９８０年代中ごろから、にわかに降りかかってきたのが輸入食品の安全性の問題でした。

待たれていた組織の結成

長野県食健連（「食糧と健康を守る長野県各界連絡会」）は2年余の準備期間を経て１９８７（昭和62）年2月、全国で初めて松本市で呱々《ここ》の声を上げました。自国の食料を外国からの輸入品に頼り、しかもポストハーベストをはじめ何種類もの汚染により、健康に危害をもたらす食料を、日本人が食べさせられる現実を断じて許せません。長野県食健連は第３回の総会を開き、地区食健連結成の方針を決めました。

幸い佐久地区には県の役員をしている農民組合の代表、単協連の代表がいます。これらの人びとを中心に、準備が進み89年4月22日に佐久地区食健連結成集会を開くことができました。参加を呼び掛けた団体は、佐久農民組合、佐久単協労、佐久総合病院、小諸厚生病院、小海日赤病院、日本農村医学研究所、佐久市職労、高教組、県教組、学童保育の会、全金高見澤労組、学校生協、長野東信生協、佐久栄養士会、佐久保健婦会、生活改良普及員会、農協生活指導員会、食生活改善協議会、生活改善グループ、健康を守る会、母親連絡会、母親大会実行委員会、新日本婦人の会、佐久農協婦人協議会、佐久市有機農業研究協議会、産直会、佐久統一労組懇などで、組織決定をしています。

会長には佐久総合病院の市川英彦先生（県医労連執行委員長）を選出しました。事務局を厚生連の労組がにない、輸入食品の検査体制の強化、食料自給率の向上、そして日本農業を守るさまざまな要求を掲げ、国、県と交渉をすすめています。また地産地消のとりくみも進めています。TPPは日本の国の姿を変える大問題です。私たちがいま食健連運動の力点としていることは「食糧主権」の実現です。これは日本人全国民の課題であることを銘記したいと思います。

四つの専門部（宣伝、事業、学習、財政）も四人の事務局次長が担当することが決まりました。私は東京に出向した4年間を除きずっと事務局長、会長を引き受けてきました。

役員会に出席してくるメンバーは、「待たれていた組織がやっとできた。とにかく楽しくて、周りの人たちが寄ってきたくなるような組織にしていこう」と意気込んでいます。そして農業と食糧と健康を守る佐久地区の夜明け、とも。

この時期、急な取り組みを迫られた佐久市の学校給食センター統合問題や、ゴルフ場問題にも食健連が積極的にかかわっていくことを決めると同時に、朝市や夕市をできるだけ広げていくこと、この秋に食健連の収穫祭を佐久で開く準備をするなど、会員がどんなに多くいても人手が足りない状況です。そのためにも今夏は組織を大きくすることに重点を置くことにしていました。

市民権を得てこそ地区食健連の本領発揮

佐久地区食健連が結成されてから約40年が経過しています。収穫祭はその後「食と農のつどい」として毎年続けられてきました。国内外、地域の食・農・健康をめぐる状況を見渡すとき、地区食健連の存在とその活動の重要性に気づきます。地区食健連を今後どのように発展させていったらよいか考えてみます。

地区食健連は当然のことながら、第一義的な活動基盤を自分たちの住む地域のなかに置いています。地域とは「人間が人間らしく住むことのできる条件を備えた一定のエリア」(朝倉新太郎)であり、そこには「共同性の存在」(地域＝communityの訳)が不可欠である、との見解に立てば、いまの時代、地区食健連のなすべきことは自ずと明らかになるといえましょう。

現代における食・農・健康いずれをみても、そのなかには非人間的なファクターがあまりにも多く入り込んでいます。これらを除外し、地元の農家・農業を守り本来の「地域」を取り戻すことが地区食健連のなすことの大もとです。もちろん地域だけでできること、できないことがありますが、まずは地域でできることから始め、そこに住む多くの人びとの理解と協力を広げることが必要です。

まず取り組みたいことは「地産地消」の運動です。

かつて「ふつう」であった「地産地消」を現代的に整備しよう

「地産地消」の基本理念は「食糧主権」にあります。食糧は人間のいのちの糧であり、人間の生にとって最も根源的なものであることから、自国民が消費するものを自国で生産し、確保することの必要性は自明の理です。しかし、輸入農産物が増え、その入手意図と過程が国の政策によって歪められ、かつ安全性が危険にさらされています。

自分たちの身近で、地域で作られた生産物を、しかも可能な限り旬のものを、そこの地域の人びとが食べ、消費することは、かつての日本では「ふつう」のことでした。商品経済の発達とともに、その「ふつう」が壊され、「安全・安心」も歪められてしまいました。この「ふつう」を現代的に整備し、組織的におこなうことが地産地消の原点といえます。自給率の向上をめざし生産者と消費者の連携、地域内循環で地域に元気を生み、地域を自立させる。このような取り組みを進めるうえで、もっとも基本的なことは「地域力」を高めることです。地産地消の価値について住民が認識を共有できるようになる学習（とくに食糧危機）と実践をそこら中につくることが必要です。学習と実践は、地域のなかの共同の場で育まれます。佐久地区食健連が佐久全域にわたる地産地消運動を展望したとき、まだ圧倒的な力不足であることはいなめません。

地域内での運動の環境づくりをする一環として、自治体に「食糧主権宣言」「地産地消推進宣言」

などの決議を求める運動が当面必要であり、また回を重ねてきた「佐久地区食と農のつどい」を着実に発展させ、参加・協力を広げていきたいと思います。毎回新参加者の声としてある「こんなすばらしい集いのあることを初めて知った」に象徴されるように、まだ地域内での衆知は限定的です。つどいそのものの衆知とあわせて、このつどいの意義を住民の方がたに知ってもらう方策が必要となります。これまで培ってきた数多くの団体や組織、個人とのつながりをさらに進め、つどいや食健連の運動が佐久地域の人びとに認知され、地区食健連として各自治体の地産地消の取り組みを後押しできるような力をつけ、市民権が得られるようなところまで押し上げることを目標とし、さらにそこに至るさまざまな取り組みの教訓を、全県・全国に発信していけたらと思います。

また地域の自治体、農協、関係する団体などの声を結集し、国に国内の農業を守る農政を求める運動の働き手となる力をつけることが重要です。

地区食健連としてやりたい課題は限りなくありますが、それを実現するためにはどうしても組織を大きくし、強化することが重要です。そのために食健連がこの地でやりたいと考えている理念や目標を地域の人びとに分かりやすく整理し、そこに盛り込んだわれわれの思いを、これまでかかわった組織のみならず、この地域での暮らしに重点を移す団塊の世代の人びとに新たに届け、協力者（組織・団体なども）を一歩一歩広げてゆくことです。

佐久地区食健連のなかにある4つの班、「学校給食」、「視察・研修」、「学習」、「食と農のつどい」

を核に地域のなかでの多様な〝関係づくり〟の量と質が決め手となります。「安心の地域づくり」にロマンを抱き、精を出していきたいと思います。

「学校給食に地元農産物を」の合意づくりを

地産地消を地域に定着させるうえで着実な足がかりとなるのが学校給食です。1991（平成3）年1月、「学校給食を地域で支える佐久地区連絡会」を地区食健連が主体となって発足させ、実態調査や現場栄養士との懇談など、一定の取り組みをしましたが、市町村の教育行政担当者と給食現場の協力が十分えられず、地域全体の取り組みにはなりませんでした。しかし、すでに学校給食に地元の生産物を使用していたところもありました。この傾向は県の方針もあり、さらに進みつつあります。近年では農産物直売所との連携が有効に機能しているところもあり、この取り組みは今後積極的に広げ、食健連の会員となっている直売所からの学校側への働きを強めていきます。

小諸市や佐久市の一部、立科町、八千穂村などの実施経験をもとに地産地消推進計画のモデルを地区食健連として作成し、それを提案しながら各学校区との懇談をおこなっていくことが必要です。現今、「学校給食に地元農産物を」のかけ声と実践が広がっていることを背景に、学校給食班を中心に、地域での合意づくりに取り組みます。

高崎市の例からみると、学校給食で地産地消が定着していけば、そこでの経験を病院や福祉施設、さらに飲食業、旅館業、各家庭へと順次広げていくことが可能であると考えます。この場合、生産と消費を結ぶコーディネーター役（消費計画に見合う生産計画づくり、出荷調整、価格設定などの作業と同時に携わる人びととの濃密な関係を築き、地産地消に関する意識の啓発も担う人）の存在が必須です。オルガナイザー的役割を持つこの人材配置が成功の鍵をにぎります。食健連のなかにこういうコーディネーターを養成できればと思います。

五．ひとりぼっちにならない・しない元気なうちは人と地域のお役に立とう

非営利・協同懇談会から高齢者生活協同組合へ

時代の特徴と設立の背景

私が高齢者福祉について深い関心を持つようになったのは、１９６３（昭和38）年制定の「老人福祉法」です。第２条の「基本的理念」で「老人は、多年にわたり社会の進展に寄与してきた者として、かつ、豊富な知識と経験を有する者として敬愛されるとともに、生きがいを持てる健全で安らかな生活を保障されるものとする」と謳っています。

長野県高齢者協同組合が設立された時代（１９９０年代半ば）の特徴は、日本の高齢化率が14％を超え高齢社会にはいった直後で、「少子・高齢・人口減」が社会問題化し、またすでに１９７０年代から始まっていた、財源問題を理由とする高齢者バッシングともいえる状況が広がっていた時代でした。国が発した「高齢社会危機論」はその最たるものでした。

急激な高齢社会の進行と同時に、１９７６年から「このまま高齢社会が進むと日本社会はパンクしてしまう」といった喧伝が政府からさかんになされました。高齢者クラブなどに行ってこの話をすると、みんな涙を流して悔しがります。「若いとき、あれだけ日本のために尽くしてきて、いよいよこれで楽ができるかという年代になったら、俺たちが国の邪魔になる。こんな言い方があるか」と。この高齢者バッシングを吹き飛ばして、「高齢者の活動で高齢者が輝く社会をつくろう」、これが高齢協をつくろうとした直接的な動機です。

長野県非営利・協同組合懇談会と佐久地区協同集会

わが国の高齢者福祉を担う団体は、社会福祉協議会やＮＰＯ法人をはじめ、多様な形態の民間団体がありますが、そのなかで福祉の事業・活動をおこなう高齢者協同組合は、日本における全く新しいタイプの協同組合として95年から全国に次々と誕生しました。長野県は中高年雇用福祉事業団（当時）を母体として、この全国的な動きに参加しましたが、長野県内には独自の設立の背景がありました。

まず、長野県内では、87（昭和62）年に長野県協同組合懇談会が長野生協、長野県民生協、長野医療生協、長野中高年雇用福祉事業団の４組織によってつくられ、「いのちとくらしが輝く地域づくり」のために、協同の力の可能性を求めようと、「長野県非営利・協同の懇談会」を１９８７（昭和62）年にスタートさせ、88年に「考えてみよう長野県での協同を」をテーマに第１回長野県協同集会を開催しました。

1993年開催の第3回長野県協同集会は「小諸・北佐久地方の高齢者福祉の実践に学ぶ」を掲げ、すでに誕生していた非営利・協同懇談会の「地域づくり協同政策プロジェクト」(リーダー 内山哲朗工学院大学教授〈当時〉)による中間報告、「地域社会における生活福祉システムの形成――高齢者福祉への協同からのアプローチ」が発表されました。

この中間報告が3年後(1996年)の高齢者協同組合設立の重要な契機となりました。この約10年に及ぶ協同組合懇談会「非営利・協同の懇談会」の研究実践が、長野県での高齢者協同組合の設立の直接的背景にありました。

長野県高齢者協同組合の設立

1993(平成5)年以降、長野中高年雇用福祉事業団が高齢者協同組合設立の推進役を担い、準備会の設置、呼びかけ人依頼、高齢者協同組合基礎講座の開催、ヘルパー養成講座の開催などのスケジュールを立て、着々と実行に移しました。95年10月、第1回設立準備会を長野市で開催しました。この初会合には若月俊一佐久総合病院総長(当時・故人)ら医療・福祉関係者10氏からの設立期待のメッセージが寄せられました。そして高齢者の助け合いの組織――高齢者協同組合設立の呼びかけや、「高齢者協同組合の原則(案)」が提案されました。組合設立の賛同者を広げるために、賛同署名の呼びかけ人を若月先生はじめ県内各界の著名人82人にお願いし、賛同者は2500人に達しました。

県内各地域での設立趣旨を伝える懇談会の開催のための諸準備を経て1996年3月24日、長野市バスターミナル会館で300人の参加で設立総会をむかえました。当初組合員は130人、全国で5番目の船出でした。

長野県高齢者協同組合設立宣言（要旨）

「私たちは今日、より豊かな長寿社会を築き、長生きしてよかったと実感でき、輝く人生を全うしたい」との願いを込め、「長野県高齢者協同組合」を設立しました。

高齢者一人ひとりが力を出し合い、協同することにより、元気なうちは人と地域に喜ばれる仕事をし、人間らしく暮らせるように、心の通う助け合いを広げようと決心しました。

全国に先がけて高齢化が進む長野県において、とかく重苦しく、暗く考えられがちな「老人問題」への発想を、共同の力で逆転し、「ひとりぼっちにならない、しない」「寝たきりにならない、しない」を合言葉に、明るい方向へ解決していきましょう。

私たちの協同組合は、一人ひとりが積み重ねてきた人生経験と英知、技能や趣味など、多様で豊かな人びとの集団です。これに若い人たちも加わります。

全国の仲間と手をつなぎ、日本の歴史に新しい一ページを印し、みんなが主人公となり、この地上が本当に平和で安全な21世紀を、迎えられるようにしていきましょう。そんな希望と夢が実現し

ますように、みんなで頑張りましょう

ここに「長野県高齢者協同組合」の設立を宣言します。

１９９６年３月24日初代理事長には若月俊一先生が選任されました。

長野県高齢者協同組合の事業・活動

高齢者がみずから知恵と力とお金を出し合い、高齢者パワーを結集し、人びとと時代の要請に応えようと「新しい協同組合」がスタートしました。

初年度の計画（要点）

①地域に役立つ仕事おこし〈福祉・医療・食と農・生産・加工・販売・環境・文化・教育などあらゆる領域で仕事を作る〉

②高齢者の生活全般を助け合って支え、心の通う福祉〈在宅介護・給食・住宅改修・健康管理〉

③生きがいをもって、いきいき暮らせるように〈寄り場の確保・サークル・講座や教室・各種相談〉

④自治体との新しい関係〈「公」「協」の関係づくり〉

⑤組織づくりと組合員拡大

⑥財政の確立と組合員の経営参加

非営利協同懇談会、高齢協の夜明け前

当面の事業・活動

①「介護センターながの」で福祉関連事業、②信州の自然を生かした農林・畜産事業、③環境リサイクル事業、④出版・文化・教養事業、⑤子育てなど教育関連事業、⑥各種相談事業、⑦高齢者対応の住宅事業、⑧旅行事業

活動の基本方針

活動の基本方針を、①民主的運営、②「非営利・協同」の大連合をめざす、③平和と地域の環境を守る、として、「ねたきりにならないさせない、ひとりぼっちにならないしない、元気なうちは世のため人のために」を目標に、「福祉・生きがい・仕事」をスローガンに掲げ高齢協の事業活動を開始しました。

私たちの目ざす福祉コミュニティの創造は、理念に共感する多くの仲間の参加が必要不可欠です。そして組合員の参加により、まっとうな協同組合をつくります。そのためにはどれだけ地域が必要とし、住民の方がたが求める事業・活動をつくっていくかが決め手となっていきます。

地域の方がたをはじめ、行政や福祉関係の人びとなどとの関係を密にし、信頼関係を築いていくなかで私たちのやるべきことがいっそう明確になっていくと考えています。

高齢者協同組合への市民的認知を広げたい。これは事業活動の広がりと一体的なものですが、広報活動も重視します。

高齢協は一人ひとりの組合員によって構成されますが、組合員の意志、理論性、行動力、情熱などが、そのまま高齢協の姿となります。高齢協が事業活動をおこないつつ、地域力を高める貢献をするには、組合員とりわけ就労組合員の資質が問われることになります。組合員の学習、教育活動を重視します。

地域が必要とし、住民の方がたが求める事業・活動をおこなうには、財政基盤の確立は不可欠です。事業の健全経営と組織内外からの財政支援を広げる努力をします。

日本の社会保障にかかわる施策の現状は後退の一途です。憲法25条にもとづく生存権保障のための運動、そして民主主義を守る運動を、巾広い人びとと連帯してすすめます。

高齢協はヨーロッパのいくつかの国々で常態化している「協同労働」という働き方、生き方を、私たちが目ざす方向として定め、日本における「協同労働法」の制定運動にもとりくんでいます。

日本社会で当たり前であった「雇うもの」と「雇われるもの」の関係をなくし、大資本家に雇われるのではなく、働くもの一人ひとりが主人公となって、資金を出し合い、協同して社会に役立つ仕事をおこし、働き、経営を管理するという働き方への転換が必要です。この協同労働を現場で生かすために「三つの協同」を重視します。仲間との協同、利用者との協同、そして地域との協同です。このような働き方、生き方を組合員スタッフが真に理解し、実践していくために高齢協の全国連合会、更に日本労働者協同組合（ワーカーズコープ）連合会に加入し学び、交流します。

設立後のあゆみ（主なこと）

①組織は本部（長野市）と東、北、中、南の４地域センターをおくことにし、本部は事業・活動をすすめる実務体制を整え、組合員を広げ、出資金を募る活動と同時に「資源リサイクル養鶏」を最初の事業として立ち上げた。

②資源リサイクル養鶏は、大岡村で土地（組合員所有）提供をうけ、平飼い、有機飼料による自然卵の生産をし、地域の注目を浴びた。ＮＨＫの放送や信毎の社説などにより県内外からの視察が相次いだ。

スーパー「つるや」と契約し、売れ残りの生鮮食品をもらいうけ、特殊な機械で粉砕し、発酵菌を添加し、完熟したものを飼料として使うというものであるが、輝くような黄身の卵は「かがやきたまご」としてスーパーの店頭に特別価格（高く）で並んだ。説明付きのパックは消費者から待たれるまでになった。

良質の鶏糞は長野市の犀川河川敷に借りた農園で有機野菜の栽培に活用し、生産された野菜は宅配弁当の食材として使う、まさに循環型農業を実践した。養鶏場では障害者施設に入所している若者たちを雇用し、作業に従事してもらった。これは利潤追求を優先する養鶏場では成しえない、高齢者の求める人と自然にやさしい農業の姿として貴重なものであった。残念なことに土地を提供し、経営の中心となっていた組合員が病に倒れ、継続が不能となり、4年間続けた事業は地元に移管することになった。

③続いて高齢者への「安心弁当」の配食事業、一人ぐらし高齢者への介護・援助事業、長野・松本・上田・伊那でのホームヘルパー2級養成講座などを開始。ヘルパー養成講座は後に全県規模に広げ、修了者は1300人を超え、県内の介護事業推進に貢献した。

④2000年から始めた東信センターによる「水車の里」計画は、浅間山麓の東部町横堰地区に水車の里をつくり、地元で栽培したソバや麦を挽いて「安全な食品づくり」をしながら仲間の仕事おこし、地元の人たちとの地域おこしをするほか、雄大で美しい風景を楽しむというねらいから始まった。地元農家の「黒土の会」などと地域ぐるみの建設運動に発展した。協同の力を発揮しようと高齢協が推進役となった。拠点となる水車の里（小屋）づくりに組合員が屋根に使うカヤ刈や竹の切り出しに汗を流し、念願の縄文小屋が完成し、ロマンに満ちた仕事の第一歩をみなで祝った。いよいよ水車小屋の建設準備にとりかかろうとしたとき、了解済みであっ

たはずの水利権の問題が暗礁に乗り上げ、オーナー的存在であった土地の提供者である組合員の個人的事情により計画が頓挫してしまった。協同の作業をするとき発生する複雑な困難性と学習の大切さをひしひしと感じた。

⑤２０００年４月から介護保険法がスタートし、介護保険の事業に参入する事業者は法人格を有することが求められた。高齢協も議論を重ねた結果、任意組合から生協法にもとづく法人格をもつ組織へと変った。名称は長野県高齢者生活協同組合となった。

⑥介護保険の実践を前に私たちは臨時総代会を開き次のような緊急アピールを議決（要旨）

・大手民間事業者が資金力にものを言わせて利用者獲得に必至になっているが、私たちは儲け主義ではなく「助け合いの心にもとづく協同の精神」がいま求められている。

・利用者にとっての「本当の介護」を訴え、ヘルパーが誇りをもって働ける介護サービスの場を組合員の力によってつくり出す。

・この運動と介護保険の改善運動をとおして、私たちのスローガン「長寿を喜び合える福祉社会」実現をめざす。

これを機に高齢協は介護保険事業として訪問介護、宅老所、通所介護、居宅介護支援（ケアマネージャー）、小規模多機能型居宅介護事業等の事業を展開するまでになった。また、その後の介護保険の改定（サービス抑制）により介護保険のサービス枠から外れてしまう生活支援などについて、高齢者生協でＮＰＯ法人を立ち上げ（２００６年）生活に必要なサービスを提供している。
⑦２００６年4月から長野市の「指定管理制度」により、高齢協は「市老人憩の家」6か所の管理者となり、以後松本市でも指定をうけ両市で13か所にまで広がった。高齢協の事業の中で重要な部分を占めるに至った。指定管理者制度については理事会で真剣な論議をくり返した。行政の合理化施策の一環であることは間違いないが、もしこの事業に利益優先の民間事業者が参入するならば「公」の事業が「公」でなくなっていく、高齢者福祉に明確な理念をもつ高齢協が積極的に事業参入することによって、行政の制度の枠内ではあっても、利用者に開かれた、利用者との協同により福祉事業の内容を高めていく、「新たな公共」の担い手となることを決断した。施設内での新たな講座企画などにより利用者の評価も高まった。
⑧介護事業（長野、松本、佐久）、配食事業（長野、佐久）、指定管理事業（長野、松本）、求職者の講座事業（長野、松本、飯田、佐久）などの事業が展開され、組合員は全県で約３１００名、就労組合員は約２３０名、年間事業高は約5億円（２０１２年度予算）になろうとしている。
⑨組合員による地域活動は多岐にわたるが、高齢者からのききとりによる冊子「私からの伝言」定期発行、「９条の会」の運動、「あの夏を語る」の平和を守るとりくみの毎年開催、「ひな祭り手遊び展」の毎年開催、毎月開催の気功教室、脳いきいき楽習塾、健康相談会などがある。

また各地域センター事務所のある地元の方がたとの「まつり」の開催、古い着物をつくり直してのファッションショー、高齢者の主張大会、生活困難者（東京）への支援物資提供を目的とする協同畑で農産物の生産などをしている。

⑩佐久地域では、一人ぼっちにならないための居場所として、地域の人びとが気楽にお茶のみや趣味を楽しむ場があってもいいと、2014年4月から、佐久市の「サクッと支援金」の制度を活用して、お茶のみサロンを始めた。ただお茶のむだけでは続かないので、皆さんの要望に沿って、楽しい手作りや体を動かそうと、かご網や絵手紙、将棋・麻雀、陶芸、歌声喫茶などが始まり、毎月定期化して閉じこもらず外に出るチャンスとした。

従来の組合員が寄り合う気功や布遊び、コーラス、脳イキイキ楽習塾などのクラブ活動とは違い、組合員でない地域の人たちに気楽におススメしているので、1回200円でも結構参加者が増え、2020年時点では、年間延べ800人ぐらいが利用し、クラブ活動も700人ほどなので、年間1500人ほどが、高齢協に足を運んで交流を楽しんでいる。

高齢協の準備委員として設立準備にかかわり、設立後もずっと今日まで役員を務めてきた私は、多種多様なできごとに遭遇してきました。高齢協固有の困難もありました。そしていま私たちが組織をあげて挑戦していることは「協同労働」の実践です。

一般企業で働いてきて高齢協に入職を希望する多くの人たちは、この新しい働き方に当初戸惑います。協同労働の何たるかを理解するのに時間がかかります。経営的にも決して余裕はない高齢協ですから、働くものの労働条件は世間並みにはいかない面もあります。しかし、自分たちが主人公となって地域で役に立つ事業・活動を発展させ、いまは小さな火種ではありますが、やがてこの歪んだ社会を人間中心の社会に変えていくという展望をもつことにより、私たちの仲間は成長していきます。協同組合のいのちである民主的な運営と学習がそれをささえています。「旅人よ、道ははじめからそこにはない。道は歩きながらつくっていくもの」。インドに古くからある諺《ことわざ》です。私はこの教えを大切にしています。私たちは一人ひとりが主体的にものを考え、行動することなくして、現状の社会的困難をのりこえ人びとが求める新しい地平を築くことはできません。「つくりながらつくる」人生を仲間たちと一緒に続けたいと思います。

若月俊一先生の協同組合とワーカーズコープへの期待

長野県の高齢者協同組合の設立についての相談で、若月先生のところに最初に伺ったときのことを鮮明に記憶しています。主旨を説明し終らないうちに膝をのり出し、「分かった。大賛成だよ。

出来る限りの協力はするよ。それにしてもどうしてこんなに年寄りいじめのひどい世の中になってしまったんだろうね。世直しをしなくては」とエールを送っていただきました。

創立前年の1995（平成7）年のことでした。日本労働者協同組合（ワーカーズコープ）連合会の水戸理事長（当時）らが若月先生を訪問したとき、一緒に高齢者協同組合の構想について懇談しました。「高齢者協同組合は、高齢者自身が必要とする社会的サービス（介護など）や、人と地域に役立つ仕事を非営利事業として展開し、また、生きがいづくりにとりくむことを目的に高齢者自身が出資し、経営していく組織です。すでに愛知県ほかで誕生しているなか、長野にもぜひつくりたいのでお力を貸していただきたい」というのが懇談の内容でした。

懇談のなかで若月先生は、「高齢者が増加するにつれ、それがあたかも社会のお荷物であるかのような雰囲気が日本にはある。とんでもないことだ。しかし、そういうなかで高齢者の社会参加を促進し、からだが不自由になったら支え合うという高齢者協同組合の趣旨は大賛成だ。大いに協力したい。それにしてもその組織の運営を、ワーカーズコープ方式でやるというのは日本では画期的なことだ」と賛意を表明してくださいました。そして終始上機嫌で話がはずみました。

ふりかえって考えてみますと、先生がなぜ「ワーカーズコープ」に強い関心を示されたのか、農協組織のなかで活躍されてこられた先生が、なぜ他の協同組合に関心をもち、協力しようと考えたのでしょうか。

思い当たることがありました。それは１９９３年から94年にかけ、佐久病院で開かれていた「若月塾」のときのことです。たしか厚生連の歴史について話されたときであったように記憶していますが、先生はＩＣＡ（国際協同組合同盟）の歴史にもふれられ、とくに１９８０年のモスクワ大会でのＡ・Ｆ・レイドロー報告『西暦２０００年における協同組合』について話されました。

レイドロー報告では、21世紀の社会に協同組合が積極的に役割を果たすべき4つの「重点分野」をあげられ、そのなかの一つに「労働者がみずからの主体性にもとづき、より人間的で質の高い仕事をし、人びとが本当の意味で必要としている〝社会的〟に有意義な仕事をつくり出していくことが必要。そのために労働者生活協同組合（ワーカーズコープ）づくりをすすめよう」と提起しています。それが日本では、農民の農協づくりにつながっています。

若月先生は、このレイドロー報告により初めて注目を浴びた新しい協同組合を、これからの時代にふさわしい協同組合として内心強い関心をもたれていたのではないかと思うのです。

若月俊一先生は、『農村医療』（佐久病院出版パンフレット）や「若月塾」などで、協同組合をめぐるいくつかの重要な問題をとりあげ熱く語られています。そのなかで若月先生が病院従業員や厚生連、厚生連の母体である農協に何を感じとってほしいと思われたのか、そして現今の社会情勢のなかでどのようにあってほしいと願っておられたのか、そのことを探り、テーマに近づきたいと思います。

協同組合と「反資本」

協同組合とは「人びとが協同し合うことによってさまざまな面で自分たちの暮らしや社会をよくしていくための経済組織であり、そのための運動体である」と一般的には説明されていますが、歴史的には、イギリスの産業革命のなかで、資本の横暴により生活困窮に追いつめられた労働者たちが、労働者たちの協同により生活向上をはかろうと、約１８０年前の１８４４年、ロッチデール公正先駆者組合（今日の生活協同組合の原型）をつくったのが始まりです。ここでの組合の運営原則はロッチデール原則と呼ばれ、今日の協同組合原則のもととなっています。

若月先生が「協同というのは本来、反資本である」（若月塾１９６６年６月26日）と言われた根拠は、このロッチデールでの歴史的事実に基づいていると考えます。

ロッチデールについて少し付言すると、ここで協同を紡いだ人たちは、その究極の目標を人間の幸福の向上、つまり、資本の人間支配から脱却すること、そして人間こそすべてのものの主人公であり、人間が人間に値する生き方のできる社会を、建設することに主要な力を注いだのです。

またロッチデールに見られる「相互扶助」は、人間の自然的・本能的・無意識的な協同を、意図的・意識的に発展させたものであり、経済的要素に隣人愛、他人への配慮、思いやり、寛容、誠実、良心、正義感といった倫理的要素が加わってはじめて相互扶助が成立し、発展させることができたとみられています。そしてロッチデール先駆者組合の〝経営的成功〟も、〝商才〟によってもたらされたものではなかったと評価がなされています。

さて、わが国における現今の社会情勢はどうでしょうか。多国籍企業化した大企業がルールなき資本主義のもとに、そして新自由主義の名のもとに莫大な利益を上げ続けるいっぽう、そこに働く労働者は非人間的な働き方を強いられ（日本の青年労働者の3分の2が非正規雇用で低賃金）、すさまじいまでの格差社会が拡がっています。農協の福祉現場での非正規雇用はもはや常態化しています。

協同組合設立の要因となった18世紀後半から19世紀前半にかけての、産業革命の時代の資本家と労働者の関係の構図は、背景となる時代状況の変化はあっても類似性を見てとれます。だとすれば、いま協同組合が思考すべき根本問題は何なのでしょうか。

政府による「構造改革」政策のもとで、資本の側（大企業）の市場原理一辺倒、利潤追求最優先の経済活動によって、人間性を奪われるような働き方を強いられる労働者が続出するなか（ひどい現実が進行している！）、協同組合は一丸となって人びとの人間らしい生き方を追求する、国民的大運動（まともな国づくり）に取り組まなくてはいけないのではないでしょうか。

若月先生は『農村医療』No.31「レイドロウ提言の教えるもの」で、次のような提言を引用されています。「現代は文明の支柱がゆれている時代だ。……このような悪い時代には、若干狂気じみた

高齢協の設立の下打ち合せ
中央が若月俊一先生

方向へ進んでいる世界の中で、協同組合こそが正気の島になるように努めなければならない……」

これは、1980年モスクワで開かれたICA（国際協同組合同盟）大会で、元カナダの協同組合中央会会長レイドロウ博士が『西暦2000年における協同組合』として提言をおこなったもので、各国の協同組合のあり方に大きな衝撃と示唆を与えました。

そして若月先生は、協同組合の真の目的、他の企業とのちがいについての提言のなかで、民主主義が強調されている点について若月先生は、「これらのことは、まさしく、私ども『医療の民主化』を唱えるものが、今日の社会的危機のなかで提言していることと、基本的には一致している。――組合員のみならず広く地域住民全体の生活を守ること。そして、とくにその生活の基礎である健康を守ることの重要性。さらに、そのたたかいの方法には、必ず『住民参加』が必要であること。――これらのことは、私ども医療従事者が最近しきりに言挙げする『地域医療』を正しく発展させることに、そのまま連結するのではないか」と結ばれています。

協同組合が、その原点を大切にしつつしっかりした見とおしをもつうえでレイドロウ報告は、改めて重い意味をもつものであることを認識させてくれると同時に、若月先生から私たちへの熱きメッセージは、それと重なって強く意識させられるのです。

「医療の民主化」と「地域の民主化」と「参加」

1994(平成6)年ごろ、私が国民医療研究所事務局長を退任した直後、在任中に立ち上げた「地域医療プロジェクト」で岩手・沢内村、長野・八千穂村(当時)、松川町の住民健康意識調査を実施したことがあります。八千穂村の調査の際、当時国民医療研究所の顧問をしていただいていた若月先生をメンバーで表敬訪問しました。懇談の折、プロジェクト責任者であった井上英夫先生(金沢大学教授)が「長年ご尽力されてきた『地域の民主化』はどのくらいすすんだとお考えですか」と若月先生に尋ねられました。若月先生はしばらく考えておられました。それからややあって、「そうだねー。これは測れるようなものではないが、私の感じを敢えて言えば、2~3割くらいかなー。」と言われました。同席していた5人のメンバーはみな「え?」と声をあげました。

若月先生は私たちに常々「地域の民主化なくして真に医療の民主化はなしえない」と言われてい

ました。医療の民主化は「いつでも、誰でも、どこでも可能な限りの十分な医療」を実現させることであると表現されています。

１９１９（大正８）年、島根県青原村（当時）で、産業組合（現農協組織）による医療事業が始まったことが今日の厚生連の発祥になっています。動機は、「百姓だって人間だ」の叫びでした。当時の大庭組合長の想いとその運動が、日本初の医療利用組合を発足させました。

医療を住民のものにするという医療民主化の背景として必要なことは、地域の住民が自分たちのいのち、健康を守ることを自覚的に思考し、行動すること、つまり住民が主権者（憲法25条に立脚する）として振る舞うことが求められるのです。民主主義を自分たちのものにするという、地域の総合力を高めることが根本課題でしょう。

そのためには主権者意識の涵養が重きをなします。健康学習の場に主権者としての意識を育む機会を広げることと、保健や医療や福祉の仕組みのなかに、住民のニーズが反映されるようにするための「参加」を広げ、行政との協働も含め主体的にかかわることが肝要です。

医療生協での活動交流集会の分科会で、「待ち時間解消」について、患者・組合員と病院従業員が膝をつき合わせて真剣に議論する場に参加したことがありますが、これぞ協同組合における「参加」だと感じた経験があります。そこに至るには従業員の学習はもちろんですが、組合員の健康学習を、組織をあげ積み重ねてきた、その成果が表出したのだと思いました。

若月先生が、とりわけ演劇をとおして文化運動にこめられた思いは、医療民主化のベースとなるこの地域民主化の運動を、なんとか前進させたいと考えられたからではなかったでしょうか。医療の民主化をかかげる協同組合医療運動にとって、地域の民主化と組合員・住民の「参加」は要諦《ようてい》をなすものです。いま、私たちがもっともっと地域に関わり、組合員、住民との関係づくりに積極的になることは、協同組合らしい病院づくりを盤石なものとすると考えます。

また協同組合原則にある「地域社会への配慮」について考えてみたとき、地域社会を離れて協同組合はありえないし、協同組合の発展と地域社会の存続・発展とが、切っても切れない関係にあるということも銘記したいと思います。

協同組合と「経営参加」

長野県厚生連における労働協約(昭和21年に初めて締結)の核心となる「経営参加」は、若月先生が佐久病院従業員組合の執行委員長であったとき、北信病院従業員組合との共闘により勝ち取ったものです。

経営参加にいたる経緯やモチーフについては『経営参加一問一答』(長野県厚生連従業員組合、1977年)に所載されているので反復は避けますが、モチーフのなかで一点強調しておきたいことは、「厚生連が農協組織のなかにあり、その運営のなかで(農協がしばしば経営主義に陥りやすいなか）運動的なものを労働組合の立場から展開していく必要がある」という点です。農協が本来もっている協同組合の運動的精神を、日常の医療活動のなかに出していこうと考えたのです。この場合、長野県厚生連では労働組合員イコール従業員です。

協同組合の組織形態からみれば、従業員は組合（厚生連）に雇われている存在ですが、組合の事業や運動を実質的に支えている一員です。従って従業員の意見を組合活動にいかしていく（参加していく）ことが、本来的に望ましいことであるにもかかわらず、厚生連の初期には勝ち取らざるをえない実態がありました。若月先生を中心とする先輩たちは、協同組合の本筋を自分たちの手で実現させたのです。

一般論として協同組合の従業員も、労働条件の改善要求など労働者としての正当な権利を有することは論をまちません。大切なことは、従業員も役員も組合員（出資者）も、自分たちの暮らしを改善し、社会をよりよくしていく協同組合という、一つの組織の一員であることの自覚をもち、それぞれの意見を尊重し合い、協力し合って（ときには共闘し）信頼関係を

従組学習シリーズ『経営参加一問一答』、『健康管理活動一問一答』

築くことです。そして人と人の結びつきを重視する協同組合の特質を生かした組織運営が求められます。そのために疎《おろそ》かにしてはならないことが民主的討論です。

地域が見守る佐久病院のこれから

若月先生が強調されてきた、「参加と民主主義」という協同組合の原則から外れることを危惧し、提言したいと思います。

1992（平成4）年に病院を定年退職したあと、私は国民医療研究所事務局長として上京し、帰郷してからはしばらく佐久の健康管理センターで嘱託勤務をしました。そのとき、西垣良夫健康管理部長（当時）のご配慮で、研修医の皆さんが同センターで研修するうちの1日を、私との懇談日にあててくださいました。その貴重な時間を使わせていただき、多方面にわたるお話ができました。私が皆さんに最初にお聞きしたことは、「研修病院になぜ佐久病院を選びましたか」と、「どんなお医者さんになりたいですか」でした。そのとき私が感銘を受けたのは、6割に近い先生がたが、「岩波新書から出ている若月先生の『村で病気とたたかう』を読んで」と言われたことでした。佐久病院と他の病院の違いはここだ、と思ったと同時にこの病院のこの財産を、より豊かに大きくしていかなければと痛感したのです。それは佐久病院に与えられた社会的責任でもあるし、職員一人ひとりの生きがいに結びついてくれればと心から思いました。

病院栄養科職員による援農活動

長野県厚生連の経営協議会（労使による厚生連の重要問題協議の場）や健康管理委員会などで、また院内でも、私は若月先生とご一緒する機会がよくありました。経営協議会では職員の賃金、労働条件などの交渉議題があり、労使共闘議題もありました。若月先生は院長団長、私は労組書記長という、立場上のちがいからの意見対立もありました。帰りの院長車に乗せられ、長野から小諸のわが家まで会議の続きの〝講義〟を受けることもありました。お話の途中で家へ着いてしまうと先生はわが家に上がり、〝講義〟は家のなかまで続きました。お話の中身で多かったのは、階級闘争論やヒューマニズムについてであったと記憶していますが、「人間、生きていくうえで自分の信念を貫くことは最も大切だが、ときには、ああでもあるし、こうでもあると考えることも大切だよ」と諭すように話されました。この言葉の背景には筆舌につくし難い、先生の長い闘いの歴史があったことを感ぜずにはいられませんでした。あるとき私が「先生は私たちにずっと同じことを話されますね」とお聞きしたところ、即座に「同じことをくり返す者の身になってみたまえ」と、あのきびしい目つきでにらまれました。まさに師父でした。病院が巨大化していくなかで、近ごろ、佐久病院の礎となる理念と、それを進めるパッションとパワーが失われてきているように思えてなりません。だとしたら、それは佐久病院の内部の問題だけでなく、地域の、そして医療界全体の放っておけない大問題です。

病院の地元の農村、川上村や野辺山では、高原野菜の大産地が形成されたいっぽう、農家の方がたの深刻な健康問題、そしてそのことにもかかわって、外国人労働者受け入れの問題も待ったなしで私たちに迫ってきています。

若月先生たちが「経営参加」という画期的な仕組みをとおして、組織の民主化、協同組合医療運動の推進をはかろうとした意図が、60年を経た現在、形式的には継承されていると思いますが、真意は生かされ続けているのでしょうか。もし否とするなら、厚生連は組織をあげて「思想の危機」(レイドロー報告)を乗り越えなければなりません。私たちOBにとっても他人事ではありません。

若月先生が敷かれたレールをさらに拓いていく役割が、いまの時代を生きるものたちには課せられているのではないでしょうか。それへの挑戦者が数多く輩出することを期待してやまないのです。

六、長野大学で学生たちとともに

地域ケアが根づくことを願って

長野大学では、地域ケア論・地域ケア実践論を担当しました。

福祉学部に入ってくる学生は、やさしい人が多く、たとえば自分の友達に障害のある人がいて、彼とずっと付き合っていきたいので何か友達の力になりたいとか、おじいちゃん、おばあちゃんにお世話になったので、恩返しがしたいなどの思いを持っていました。

しかし、入学する直接的動機というのは、「資格」です。そのために資格獲得の勉強になりがちです。仕方がないのですが、まず福祉の仕事を担う人間というのは、人に対する優しさだけでなくて、自身の人間性を高めることが最初であって、その上に資格がついてくると思っています。

いろいろ幅広い勉強をしようと私はテキストを自分でつくり、世間話をすごくしました。学生はその方が喜びました。ゼミの学生は、できるだけ地域に出て、お年寄りと接する機会をつくるとか、トータルにその方のお世話をするとか、まわりのみなさんと連携して全人的ケアができるようにならなければ駄目だということを、よく話しました。

実はこれは受け売りですが、吉川徹（旧望月町社会教育主事）さんのお兄さんが東大学長のときに望月で講演をしていただきました。そのときに「部分」と「総合」という話をされたのです。私はこのお話のなかで大きな示唆をいただきました。学生個人は福祉の専門家として個人の存在ですが、地域ケア全体の仕組みのなかでは総合的な視点をもたなければ駄目だと。

自分の専門性を発揮すると同時に、全体のなかの一部、総合的なケアの力が地域で高まるような、そういう役割を果たさなければなりません。これは私たちが社会で生きていく上で非常に大事なことだと思います。

ここでは、長野大学で担当した「地域ケア」という講義について振り返ってみたいと思います。

「地域ケア論」「地域ケア実践論」をなぜ担当するに至ったか

講義は、「地域ケアが根づくことを願って」というテーマですが、「根づくこと」には二つの願いをこめています。一つは、地域ケア論・地域ケア実践論という科目の開講は、わが国では長野大学はおそらく早い時期だっただろうと思いますが、大学にしっかりと根づくということです。もう一つは、地域ケアそのものが地域のなかに根づくということです。

「地域ケア論」と「地域ケア実践論」は、もちろん別々の科目でありますが、私のなかでは連続した科目と位置づけております。

なぜ講義を担当するに至ったかを、ちょっとオーバーに言えば、私の人生は地域ケアと宿命的な関わりがあったように思います。その背景になったエピソードがあります。

開拓地での農民の暮らし

私は23歳で東京から戻り、しばらくは自分の生まれた家で暮らし、それから開拓地に入りました。まだ畑になっていない土地もたくさんあり、木を切り、根っこを抜き、そして熊笹などの根を掘り出し、少しずつ畑を作っていく作業でした。これは、想像を絶する労働でした。一日、仕事が終わって夜になると、もう立っていられなくなるのです。

私よりも早く入った開拓農民の皆さんは、１９４７（昭和22）年か48年の満州からの引揚者や、空襲による都会からの被災者でした。まだ50歳代、60歳に手が届く前の働きざかりでしたが、過酷な労働と栄養不足で身体がボロボロになっていました。稗や粟を作って食べ、傾斜地に横穴を掘って暮らす人もいました。そのような非常に悪い環境のなかで仕事をしていますから、一度重い病気になると立ち上がれないのです。「あっ」と思う間に亡くなってしまいます。そういう人たちを何人も見てきました。貧しいものですから、医者通いができません。当時の開拓地には民生委員もいないので、私が役場にとんでいき、生活保護の申請のお手伝いなどをしました。

もちろん、電気も水道もありませんでしたから、生活環境をよくするためにまずは水道を通して、それからランプを電灯にすることになります。そういうことのために奔走しました。つまり、人びとがそこで人間らしく暮らしていくためには、何が必要なのかを私なりに考えました。そのころは、地域ケアなどということは毛頭知りませんでしたので、人びとのために何か役に立つ仕事ができないものかとずっと考え続けてきました。

ちょうどその頃は、昭和35年の60年安保の時代と重なります。乳牛を飼いながら東京へデモに行くわけですから、それは大変なものでした。乳牛は毎日乳を搾らなければ、乳房炎になって牛乳が出なくなってしまい、その牛は廃牛になってしまいます。

デモなどで東京へ行くときなどは、人間の都合に合わせて夜中の2時頃、寝ている牛のお尻を叩いて起こし、無理をして乳を搾り、自転車に乗って1時間30分ぐらいかけて、信越本線（旧国鉄、現しなの鉄道）の田中駅まで下り、上野行きの一番列車に乗って行きます。帰ってくると、青年団の仲間たちがみんな役場で待っていて報告会をします。そして次の人にバトンタッチして、また次の人に、という繰り返しがずっと続くのです。そういうことでたぶん過労になったのでしょう。体を壊してしまい、自分自身が療養をしないといけない事態となりました。開拓地を離れることは後ろ髪を引かれる思いでした。

私がまだ小学校のときに、すぐ近くの人が真夏の非常に暑い日に農作業をやっていて倒れ、亡くなってしまう出来事がありました。たぶん熱射病だったと思うのです。そのとき、私の父は「Tさんはつっぺるまで働いて死んじゃった。たいしたもんだ」と言うのです。「つっぺる」とは方言で、精根尽きるまで働いてパタンと倒れるというような意味です。それで死んでしまった。その後の言葉が「たいしたもんだ」と言うわけです。誉め言葉です。私はずっとこの言葉が耳に残っていました。まさに「健康犠牲」を美徳とする考え方そのものです。そういう方がたが地域にいっぱいいるわけです。

病院に就職して、そういうところへいきなり出かけていって、「病気にならないようにしましょう。病気を早めに見つけましょう」と言ってみても、それこそ馬の耳に念仏です。「農民の毎日の忙しい仕事を知らないからそんなことを言ってられるのだ、一度百姓の仕事をやってみろ」と言わんばかりの反応が返ってくるのです。そういうなかでは、私は病院からスタッフが行って何かを教えるとか、啓発活動とかといった姿勢では絶対だめだと思いました。地域の皆さんと一緒にものを考える。生活基盤を一緒にしながら考える。そうやって共感を広めていく。それでなければ、絶対に変わっていかないと考えるようになりました。

JAの地域福祉活動立ち上げへの参加

1995（平成7）年、佐久病院の一角にある厚生連の健康管理センターで嘱託勤務をし、主としてJA（農協）の地域福祉活動の立ち上げに参加しました。長野大学のある塩田もJA信州うえだの活動範囲に入ります。農業協同組合法の改正を受けて農協が福祉事業を展開できるようになり、全国の農協が一斉に福祉事業や福祉活動に取り組むようになりました。ところが、私どもが考えているような協同組合による福祉活動はあまり例がありません。私は協同組合の理念と福祉の理念は相通ずるものだと考えております。そのような視点で農協が福祉をやってくれれば良いのですが、まずあるのは経営効率です。福祉の事業を始める企画のなかで、農協の幹部が最初に言う言葉は、「それは採算が合うのか」です。そこから始まるわけです。そういう農協の幹部を含めて、事業立ち上げに関して目指すものを一緒に話し合い、事業の企画立案に関わってきました。これは今もまだ続いております。

村田産業福祉学部長との出会いと「ＪＡ信州うえだ地域福祉を進める会」

このような活動をしているときに、松本で開催された地域福祉研究交流全国集会で、長野大学の村田産業福祉学部長と同じ分科会で知り合いになりました。地元のＪＡ信州うえだが本格的に福祉事業を立ち上げようということになったときに、農協だけに任せておくことは少し不安があるということで、私も入りいろいろな人たちの意見を聞いて、農協の福祉事業や福祉活動のあるべき方向性をしっかり打ち立てなければならないと考えました。そのために、専門家が入った研究会の立ち上げを農協に提案したところ了解され、村田先生や矢嶋嶺先生などに相談に乗っていただき、農協と厚生連と大学の三者で「ＪＡ信州うえだ地域福祉を進める会」という研究会をスタートさせることになりました。数年間、毎月、いろいろな研究会をしてきました。その成果は少なからぬものがありました。農協全体に企業化の方向が強まっている風潮のなかで、ＪＡ信州うえだの地域福祉活動が、全国的にも協同組合らしさを保つ数少ない農業協同組合と言われるまでになった所以は、このためであろうと思います。そんな活動を一緒にさせてもらいました。

社会福祉学部の開設にともなう就任要請

そうこうしているうちに、ある日突然、村田先生から「社会福祉学部を開設するにあたり、こういう科目を作りたいので協力してくれないか」と声がかかりました。初めは辞退していたのですが、非常勤でお手伝いするぐらいならと了解しました。それがいつのまにか、専任教員にということでやや強引に引き入れられ、その後も続けられたというわけです。

話の前段が少し長くなりました。私が宿命的に地域ケアと関わっているように思えたというのは、こういう経過があったからです。そして、大学に入って正面から向かいあって地域ケアを考えるようになりました。

地域ケアの意味と歴史

基本となる考え方は、ノーマライゼーションの理念です。その考え方に立って、支援を必要とする方が地域のなかで本当に自立した生活が営むことができるように、あらゆるシステム・方法を使っておこなう支援法を作りだすことが必要でしょう。あらゆる方法とは、フォーマルなサービスもあるし、インフォーマルなサービスもあるということです。そういうもの全てを含んだ包括的なケアシステムということになります。２０００年の社会福祉法改正で地域福祉の推進という項が設けられました。そこで位置づけられた概念に相当すると思います。

これを語るにはどうしてもイギリスで始まったコミュニティケアの歴史を外せません。１９５０年代精神障害者の長期ケアの在り方としてコミュニティケアが登場してきました。その背景としてあるのは、一つはちょうどその頃ノーマライゼーションの考え方が普及し始めたことです。もう一つはイギリスでも、医療・福祉等への公的な支出を削減することを目的とした政策的変化があったことです。

地域ケアが必要とされる社会的な背景

日本の場合は、他の社会的な要因もいくつかあるのですが、在宅ケアによって医療費を抑制するという財政からの要請が非常に強くありました。その他に高齢社会の進行と介護ニーズの多様化、科学・医療の進歩により疾病構造が大きく変化して、長期ケアが必要になってきたためです。また、核家族化、少子化の進行により、家族形態が変化してきました。そのことにより、日本の伝統的な家族介護を継続させていくことが非常に困難になってきました。このような理由を背景にして地域ケアというものが、日本に形成される必然性が生じてきました。こうして地域ケアが国内の諸機関・施設で試行され始めました。

地域ケアの背景となる理念

地域ケアの背景となる理念は三つあります。一つは地域リハビリテーション、二つめはノーマライゼーション、そして三つめが住民参加です。

地域リハビリテーションですが、リハビリテーションという用語は一般的には、医療現場で早くから使われたことにより、狭い意味での機能回復というイメージが広がっています。私は上田敏先生らが主張している「地域生活における全人間的復権」という表現のみならず、人間の生活、暮らし、もちろん精神生活も含めたすべての面で、その人の失われたものを取り戻す、そのように理解しています。このことが、地域ケアの基本に据えられねばならないだろうと思います。

二つめのノーマライゼーションと三つめの住民参加についてです。ノーマライゼーションについては説明を要しないと思いますが、住民参加はこれからの大きな課題であると思います。この場合、重要なことは行政との協働による住民の主体的参加です。住民自身がケアの担い手となり、地域の保健力や福祉力、そして教育力などを高め、安心して暮らせる地域づくりの主体者として成長していく、こういう長期の展望をもたないと本物の地域ケアは育たないのではないかと思います。

ケアシステム構築の過程と課題

1986年に閣議決定された長寿社会対策大綱から始まって、細川内閣の福祉ビジョン、それからゴールドプラン、新ゴールドプラン、介護保険と政策が打ちだされてきました。

ケアシステムの構築は、基本的には自治体を基盤にしておこなわれるのですが、そうでない場合もあります。例えば、民間の佐久病院のような医療機関などでもできるわけです。こういうところでは総合力が求められます。自治体がケアシステムの基盤を作ろうとした場合、それまで自治体行政の中で頑固に受け継がれてきた縦割り行政が大変な障害になりました。それから、新ゴールドプランを作ったけれども、サービス供給と人の不足が依然として改善されていません。

担い手づくりとケアマネジメント

主には長期ケアの専門家を作ることです。これまでは、地域ケアを担う医師や保健師、看護師、PT・OTなどの皆さん、ソーシャルワーカーのそれぞれが、長期ケアを担うための教育が十分になされてはいません。そういう皆さんが専門家として携わっていく部分をどうしたらよいのか、という問題意識があります。私は総合的なケアの意味を理解して、それが実践できる専門家がほしいと思っております。部分と総合ということです。それぞれの専門家が自分の専門性を高める、そういう個々の専門性の部分と、それぞれの分野の専門性をもった皆さんが共通の目標のために連携して、総合的な力を発揮する。この関係がしっかり理解されていないと、地域ケアを拓いていくことはできません。自分が持っている専門性を保健師は保健師、ワーカーはワーカーが「私の分野はこれだけです」と主張をしているだけでは地域総合ケアは成り立たない。常に相互関係の中で高め合っていく。このようなことを深く理解する専門家が多く必要であると考えています。

長期ケアとケアマネジメント

地域ケアは、主として長期ケアに関わるわけですが、在宅ケアが政策的に進められる中で長期ケアへの転換が必要になってきました。こうなってくると、当然のことながらケアマネジメントが登場してきます。白澤政和先生らによる紹介で日本に入ってきたアメリカのケアマネジメントは、調べてみますと発端はやはり公費の抑制です。地域で障害を持って暮らすとき、できるだけ効率のよいケアを受けるにはどのような方法が良いのか、ということが発端のようです。例えば、施設で支出する公費をできるだけ抑制していくことが求められ、いまのケアマネジメントに繋がったと紹介されています。しかし、私どもがおこなう地域ケアは、財政効率の論理だけに引きずられないしっかりした理念を持ってないといけない、ということを授業の中では伝えてきました。

日本ソーシャルワーカー協会の倫理綱領というのがありますが、地域ケアに携わる方は、それに加えて以下の倫理意識を持ってほしいと思います。

一つはなんと言っても、人間愛です。人間愛がないと、必要な人間関係を作れません。そして、平等な関係性と言いますか、人を差別しない強い意思が絶対必要です。さらに、地域ケアの仕事を推進していけば、必ずいろいろな社会的矛盾に突きあたります。そのときに、その人を支えてくれる思想的基盤は何かと言えば、主権在民、そして社会正義です。こういうものが、いろいろな矛盾や困難にぶつかったとき、自分自身をしっかりと前に向かせてくれると思います。

地域ケアの実体

保健と医療と福祉、それぞれ異なった分野が連携または最終的には統合をして、そのサービスを最も必要としている人に最も効果的で良質なサービスを提供します。地域における住民参加があって初めて、地域全体のケアシステムができるだろうと考えています。

実践論に入りますが、取りあげたのは、岩手県沢内村と秋田県鷹巣町です。鷹巣町は住民によるワーキングチームを作り、住民参加の福祉の町づくりを進めていたのですが、町長さんが選挙で落選してしまいました。期待をこめたところが、そんな結果になったのは、福祉にお金をかけ過ぎる、町政を転換しろという主張があったからです。そのほか佐久総合病院、小川村、広島県御調《みつぎ》町を取りあげました。

特別講義では、地域ケア会議、サービス調整会議で活躍されているソーシャルワーカーに話してもらい、現地見学では、佐久病院祭や地域の健康福祉祭へ参加しました。そして、住民運動でできた上田市豊殿地区の福祉施設、医療施設等の見学とその運動に関わった地域の皆さんのお話を現地で聞きました。

どのような授業を心掛けたか

ここまで、荒けずりに授業の内容を紹介しましたが、私が重視したことは、単に知識や方法論を学ぶだけではなくて、地域ケアの思想を理解することです。地域ケアは、地域の在りようによって、姿を変えていきます。どれだけいろいろな立場の人たちが力を寄せ合えるのか、そして支援を必要としている人びとに必要なサービスを届けられるのかということを通して、クリエイティブなさまざまな仕事が地域のなかでおこなわれているだろうと思うのです。どれほど密に地域のなかでおこなわれるのか、どれだけ多くの人たちが参加するのか。そのことによって、その地域社会の姿が変化すると思います。その意味では、本当に安心して住み続けられる社会を作るためには、地域ケアの仕組みをどれだけより濃密に、より幅広く構築するかが大事だろうと思います。そのことの理解を深めてもらうために時間をとり話しました。自分のなかにノーマライゼーションの考え方をしっかり根づかせてほしいということです。それから、ソーシャルワーカーとして、先ほど説明しました部分と総合、生活、協同、組織を、それから人々が人間らしく生きるための地域について考える場を多くもちました。

地域の概念には諸説ありますが、私は「地域とは、人びとが人間らしく生きていくために必要な条件を揃えた一定のエリア」という故朝倉新太郎先生（大阪大学）の説に共鳴しています。日本では、これは自治体単位でまとめると考えられています。ヨーロッパなどでは、この地域のなかには図書館とか教会があるべきものとして考えられているようです。つまり、人びとが人間らしく暮らしていくために、図書館や教会は水や空気と同じような存在でなければならない、という考え方なのでしょう。１９８０年代、地域医療という言葉が盛んに使われだしました。説明したような考え方でいくと、例えば地域医療という用語は、医療がそれまで人びとの暮らしのなかに根づいていない、医療が地域の人たちの生活と離れていた、という反省として出てきたのではなかろうかと私は思っています。ですから、地域医療を正しく理解すれば、地域医療が何をしなければならないのかは明白です。「いつでも、どこでも、誰でも良い医療を」の医療の民主化への取組みがテーマとなるのは当然です。

それから、人びとがおこなう協同の暮らし、人と人の結びつきを深め力を合わせること、また意思を持った集団と言っていい組織、こういう事柄にできるだけ関心を持ち、学ぶ機会を多くもっていくことが、地域ケアを担うソーシャルワーカーとして大事なことなのではないでしょうか。

次に、資質と資格です。資質という言葉の意味は極めて深いのです。ひとことで言い表すことは難しいのですが、授業のなかでもいつも強調してきました。多くの学生が入学時点で資格というものを意識し、卒業時に国家試験を受けて資格を取得しようとする。そして、資格が生かされる職場に勤めようとします。このことは至上命令のような大事なことです。問題はこの資格が本当に人びとのためになる資格として活かされるのかどうかです。私は資格が一人歩きしてはいけないと思っています。資格の士台となるものが必ずあるだろうと思います。私はこれを豊かな人間性と言っております。大学生活は、これを豊かなものにしていくための場である、そういうことを常々言ってきました。

また、福祉コミュニティー、地域づくりということを常に仕事の視野に入れていく必要があります。どういう地域を作るのか、安心して住める地域を作るために、自分たちに何ができるのか、そういう視点が必要です。

授業の方法としては、グループワークを多く取り入れ、ディスカッションや共同作業の訓練をできるだけしました。学生の参加、教員と学生の相互方向授業を目指すには、共同作業をグループのなかでやることはもちろんですが、授業の終わり間際の時間を数分間とり、可能な限り授業への感想、教員への質問を書いてもらい、それを次の授業に反映させる努力をしてきました。

授業のなかで学生たちは何を感じ考えたか

次の（1）から（7）は、期末にだしてもらった学生のレポートのなかから、「自分がこの授業から得たものは何だったのか」を拾い出したものです。

（1）地域福祉・医療・保健の連携と住民参加の意義を強く意識するようになった

（2）地域ケアにおけるマンパワーの果たす役割を深く理解するようになった

（3）そこにおけるソーシャルワーカーの役割についての自覚を深めるようになった
（4）自分の出身地の実態に目を向けるようになった
（5）地域福祉の望ましい姿の実現に意欲を持つようになった
（6）地域における先進事例の重要場面で深く感動する状況がみられるようになった
（7）他人の意見を聴くことにより自分自身の成長を認識し、グループワークの有効性に気づくようになった。

第一点は、福祉、医療、保健の連携と住民参加についてです。つまり、地域ケアの実体です。その意味を強く意識するようになりました。提出レポートの8割近くがこのことを書いてくれました。それから、地域ケアにおけるマンパワーの果たす役割を深く認識し、さらにソーシャルワーカーの役割についても認識を深めるようになりました。先進地の事例を学ぶことによって、自分の出身地に目を向けるようになりました。

自分の生まれたところの地域ケアシステムはどうなっているのか、という観察ができるようになりました。そして、できれば自分の出身地に帰って福祉の仕事をしたい、そんな目標を持てるようになりました。地域福祉の望ましい姿の実現に意欲を持ち、こうやりたいと夢を語るようになりました。レポートを読んだり、話を聞いたりして思うのですが、社会の現実と理想との間のハードルが高いにもかかわらず、非常に純粋にこういうことを変えていきたい、こういう福祉を作りたい、そういう情熱を本当にはっきり披瀝できる学生が何人もいました。これは、非常に嬉しいことでした。

地域における先進事例の重要な場面で、深く感動する状況が見られるようになりました。学生はコンパのときはみんな元気で大きな声を出して騒ぐのですが、教室ではわりあい無表情です。質問しても積極的に答えてくれない。私は、これがいまの若者たちの普通の姿かと思っていました。実はそうではありませんでした。沢内村の一つの事例に1コマを費やしたことがありました。沢内村の説明は省略しますが、村民の命を大切にする故深沢晟雄村長の考え方が保健や医療のスタッフにしっかり浸透していって、貧しいために真冬に雪がどんどん降る中で炭焼きに山へ入っている若夫婦と幼な子を保健師が救出する場面があるのです。このまま放っておくと子どもの命はなくなると言って、保健師がまわりの人たちの反対を押し切って、腰まで降りしきる雪の中を歩いて行って救い出したのです。その話をしていましたら、何人かの学生が目を真っ赤にして聞いてくれていたのです。私はそのとき、学生は本当にしっかりした感性をもっているのだということを知り、とても嬉しく思いました。

他人の意見を聞くことにより自分自身の成長を意識し、グループワークの有効性に気づくことができました。ほとんどの学生がこのことを書いてくれています。私は他の授業でもグループワークをやっているのですが、学生たちは高校まではあまりグループワークの経験がないのです。ですから、初めて人の意見を聞くことによって、とても大きなものを見つけるようです。そういう意見がありました。

学生のレポートから

本人に了解を得ていますが、学生のレポートを紹介します。

「私自身がほんとうにたくさんのことを学ばせていただいた。当初は地域ケアについて全くといっていいほど、知識がなかったが、今は一年間の学びのおかげで理解も深まった。事例を通しての学び、グループワーク、実際に実践で活躍している方に講義をしていただくなど、教科書を読むだけの授業ではなかったので、私は毎回の授業が常に興味深かった。いま振り返ってみて、地域ケア実践論の授業のなかで自分が得た最も大きな学びは、自分の福祉観というものが少しずつではあるが、築けてきたことだと思う。築くことができた理由は、毎回の授業、特にグループワークでの学びが非常に大きかった」と、書いてあります。

「グループワークを通じ、いろんな人の意見を聞いて、私は考えの幅というものが広がったように思う。また、自分とは違った視点から考えることができるようになった。このことはほんとうに大きかった。先生が前に言われた『学生のうちに自分の福祉観を構築することが大切だよ』と言う言葉を思い出した。いま考えてみると本当にそう思う」など、他にもいろいろと書いてあります。

この学生は、岩手県の事例と中越地震の支援ボランティアにおこなった状況と重ねて書いてあります。

「本授業において、いくつかの自治体の事例を用いて地域福祉についての理解を深めた。そのなかでほとんどの事例に共通することとして、住民が主体となり、行政や他機関と協働し、独自のケアシステムを築きあげていることであった。私のなかで特に印象深いものとなったのは、岩手県の沢内村での事例である。沢内村の人口は2000人弱、小さな村であり、全国的にも有名な豪雪地帯である。当初、沢内村が抱えていた問題とは、豪雪、健康、貧困の三つであった。3年に1度は凶作になるこの土地で、男衆は職を探しに北海道まで出稼ぎに、残された者は満足に食を取ることができず、命を落とす。子どもにいたってはほとんどが乳児の段階で命を落としている。沢内村がこの取組みを始めたのは、乳児死亡率全国一から抜け出すことからであった。沢内村は全世帯の1割が生活保護を受けており、一人当たりの所得は県下最低で、住民は厳しい生活を送らなければならなかった。私たちの生活とはあまりにもかけ離れている。このような地が存在しているのには正直、驚いた。しかし、村長をはじめとした全村民が一致団結して沢内村の地域ケアシステムの構築がなされた。

私がなぜ沢内村を挙げたかというと、その頃かかわっていた新潟中越地震のボランティアで、豪雪地域で生活することにより、肌で生命の大切さを感じることができたからである。3メートル近く積雪がある地域では、外に出ることができなくなり、家のなかで缶詰め状態となることも少なく

大学卒業式のあとゼミの学生と

ない。地震によって職を失った人も多く、住民の方がたは、皆、口々に将来への不安を語っていた。仮設住宅で暮らすにも不便なことばかりで、目に見えてストレスを抱えているのを感じることができた。世間では、スマトラ沖の津波被害におけるニュースが主なものとなり、新潟中越地震に関してはほとんど報道されなくなり、私たちのなかでも遠い出来事になりつつあるのが現状だ。しかし、問題は浮き彫りになっている。国の支援が十分に考えられなければいけない。私は中越地震のボランティアに参加させていただいたことによって、川口町の住民の今の暮らしが当初の沢内村と共通するところもあるのではないのかと思った。いまだ倒壊した家屋の取り壊し作業やライフラインの復旧が進行中である。住民は生活することに必死になっている状態であるが、これから町が元に戻り、暮らしが少しでも安定してきたときが不安である。そのときこそ住民と行政が一体となって復興を進めていくべきであろう。そして、私自身も前回のボランティアでやりきれなかったことが山ほどある。また機会があればぜひ新潟に行きたいと考えているし、普段の生活のなかから自分ができることを見つけて実行していきたい」。

こんなレポートを書いてくれました。学生たちが授業で学んだことを現実の姿と重ねあわせながら、思いを深めていることに私も感激しました。

本学部に「地域ケア論」「地域ケア実践論」を設けることの意義

地域ケアというのは、住民の生活が社会の在り方に関わるという視点から、非常に社会性の高い科目です。したがって、地域への貢献度は非常に大きいと思います。そして、地域づくりの実践に役立つソーシャルワーカーを社会に送り出すことによって、長野大学の地域連携理念の実現の一端を担うことができるに違いないと思います。

ある先人の残した言葉を借用いたします。「学んだことの証は変わること」。学生たちに、この言葉を残したいと思います。２００１年初めてこの授業を持たせていただき、今日まで続けてこられましたことを長野大学、そして学生諸君に御礼を申しあげたいと思います。

戦後60年に思う―長野大学退職の年に―

教育を変える

1985年頃だったでしょうか、作家の千田夏光さんからお話を伺う機会がありました。1945年8月15日の終戦が近づくにつれ、幾多の若者たちが「お国のため」と思いこまされ、特攻隊員として死地に出陣していきました。そのときの若者たちの生への執着、心の葛藤がどのようなものであったのかを千田さんは作品のなかで書かれ、そのことについて語られたときのことです。千田さんは語気を強くしていわれました。「時の権力者が、ある目的を遂行するために国家の姿を変えるうえでまず手掛けることは、教育を変えることである。教育によって子どもたち、そして国民の意識を権力者の都合のいいように変えておけば政治を容易に変えることができる。これは洋の東西を問わず歴史的な事実となっている」と。現今にわかにわたしは、千田さんのこの言葉の現実的意味を思い返しています。

戦後現憲法の下で民主教育がすすめられ、また被爆体験もとおし国民の平和を希求する心は世界のどの国の国民にも劣らない強固なものとなりましたが、近年そのような国民意識に挑戦するかのような教育改革の動きが活発化しています。

顕著な現れのひとつが、「新しい歴史教科書をつくる会」(西尾幹二会長)による日本の戦争責任を否定する歴史教科書を、全国の学校で使用するようにしようというものです。「つくる会」の主張に対する論評は数多くの紙・誌面でとりあげられているのでここでは省略しますが、平和教育の根幹に刃を突きつけるものであり、子どもたちの歴史観の変更をせまるものであることは確かでしょう。

もう一つは、これこそが改革の本流ですが、教育基本法「改正」の動きです。わが国の憲法の理念の実現は「根本において教育の力によるべきもの」(教育基本法前文)とし、教育基本法と憲法とは一体不可分なものとなり、一貫して日本の教育のなかに生かされてきました。しかし、軍備の拡大(世界第2位の軍事力、日米安保体制の強化、自衛隊の海外派兵)、軍事法制化(新ガイドライン、周辺事態法、イラク特措法、有事関連7法)などにより現実政治が憲法の枠をはるかに超える事態となっています。このことから、政府は憲法9条を変えて、戦争のできる国にしていくことと、その露払いとして国民の意識改革が必要であるとして、教育基本法を変えることが一体的にすすめられようとしています。その意味で、わが国はいま、戦後60年の間の最大の岐路に立たされています。この危機感が必ずしも国民のなかに共有されていない日本という国はどういう国であろうか、と思います。

冒頭引用した千田夏光さんのお話のとき、私はあらためて自己体験のなかから、そのリアリティに身の縮む思いがしたのです。日本がアジアにおける侵略を意図し、他国に対する戦争を仕掛けようとしたとき、いかに周到に戦争の正当性を国民に教えこみ、とりわけ人格形成期にある者への教育を重視したかについては、私たちは生き証人となっています。生き証人が今の時代に声を大きくして時代の危険性を社会にアピールすることは、当然すぎるくらい当然の義務であると考えます。

わが国のおこなった戦争が歴史的に侵略戦争として立証され、再びあの惨禍を引き起こしてはならない、平和な世界をつくろうとする国民的教育が、戦後60年間にわたり学校や社会で積み重ねられてきました。一方、そのことを良しとしない動きが近年国内に広がりつつあることは前段で述べました。襟を正して歴史の事実と向き合う教育のなかから、平和な世界を築いていく確かな足取りが始まります。わが国では政治の場でもこの認識が曖昧にされています。むしろ後ろ向きになりつつあるとさえ感じます。

日本と同様に第二次世界大戦で戦争犯罪をおかしたドイツでは、ナチスの犯罪を子どもにどのように教えているのでしょうか。ドイツ歴史教育の特徴は、ドイツが第二次世界大戦中に侵略した近隣諸国との共同の歴史研究から始まったのです（２００５・２・24付「赤旗」）。「欧州の諸国民は二度と戦争を経験してはいけない」を原点に、国民間の敵意をなくすための共通の認識をつくり、まず子どもに教えていこうとしています。日本政府は近隣諸国に対し「歴史認識の相違」を理由に、とりわけ中国などとの間の越えられない壁（靖国問題ほか）を、自らつくり出している現実と照らし合わせてみるとき、その倫理観、価値観の隔たりの大きさを認識せざるをえません。

ドイツでは、連邦・州が後援する民間教育機関、ゲオルク・エッカート国際教科書研究所が中心となり、大戦直後からフランス、オランダ、スカンジナビア諸国、さらにポーランドと歴史や歴史教育について共同研究をおこない、その成果を生かして教科書の中身をどう具体化するかの議論を30年間おこなってきました。ドイツ・ポーランド歴史教科書委員会は２００１年に歴史研究報告「20世紀のドイツとポーランド」を出版し、両国の歴史教師のハンドブックとして愛用されています。いまでは「第二次世界大戦を子どもたちに伝えるために欧州的展望で作業しよう」と、ドイツとポーランドの州地域同士の歴史教師の支援も盛んになっているといいます。

ドイツにおけるナチスの教育政策について論考している増渕幸男（『ナチズムと教育』、東信堂）は、「人間の尊厳と幸福を第一義に考え、その実現のために寄与するはずの教育が、ナチズムの犯した諸々の犯罪に直面すると無力感に襲われる。（中略）戦争の悲惨さと愚かさを説いてきた教育が、結局は全体主義に対しては力をもたず、むしろ戦争を煽り拡大することに加担する役割を果たしてきた事実がある。（中略）そうした犯罪へと国民を駆り立て導いた歴史認識と価値観、世界観、そしてそれを可能にした誤れる教育の恐ろしさを、しっかりと受け止めておかねばならないだろう」

と述べています。教育「改革」が担うその先の目標を国民が読み取り、誰もが安心して住める社会をつくるための努力こそが急務だと思います。

コーネル大学のブロンフェンブレンナーは「一つの社会がよい社会であるかどうかの基準は、次の世代のためにどれだけのことを準備するかどうかである」と思慮深いメッセージを世界の人びとに送っていますが、いままさにわが国では、このメッセージが生かされるかどうかという瀬戸際の有り様が問われているといえます。

健康の自己責任と憲法25条

近年「生活習慣病」という呼び方が「成人病」に変わって登場してきました。疾病に関する名称ですからもちろん厚生省（当時）が言い出したものであり、それへの対策も官指導で強力に進められています。一見説得力のある用語ですが、何かおかしいぞとの思いに突き当たります。国民一人ひとりが自分の健康を守るための方法として、自分の改善すべき生活習慣について考え、実行することは各人がなすべきことではありますが、それは一体政府が国民に対して主導的にすすめるべき性質の事柄でしょうか。良くない生活習慣をそのままにしておくと生活習慣病になりますよ、それは自分が努力しなかったのだから自己責任ですよ、と言いたいのではないでしょうか。そうであるとすれば、これまで公的責任でおこなわれてきた公衆衛生行政は骨抜きにされ、憲法25条に規定されている国民の健康に対する国の責任の所在はどうなるのでしょうか。戦後60年の歴史のなかで、憲法25条は日本の社会保障制度を充実・発展させるうえで、どれほど大きな役割を果たしてきたかはかり知れません。しかし近年その憲法25条の形骸化が急速に進行しつつあるように思います。

1945年当時、農村の働き手の多くは戦争に駆り出されれ、地域は疲弊していました。貧しさと健康についての意識の低さが重なり、農民が医療機関に足を運ぶときはたいていがまん型、手おくれ型の病気が原因でした。徳川政治以来「百姓は殺さぬよう生かさぬように」の圧政が続くなかで農民は、「健康犠牲は美徳」とする価値観を押しつけられてきました。とりわけ戦時中の労働力不足のなか、健康を犠牲にして働くことは当たり前の生活習慣とまでなっていました。

そんななか、当時の農業会（現農協）が1944年長野県佐久に小さな病院を建てました。佐久病院です。そこに外科医として1945年東大小石川分院から赴任してきた若月俊一先生は、多くの手遅れ患者に対する日常診療のかたわら日曜・休日を利用して出張診療班を組み、村々を巡回して歩きました。出張診療班の仕事は診療活動だけではありませんでした。合間に衛生講話や人形芝居、演劇などをとおして、農民が健康や病気について正しい知識を持つようになるための保健学習に力を入れました。と同時に、病気を未然に防ぐための予防活動にも大きな力を注ぎました。医療を住民の生活に近づける取り組み、健康に生きることの当然性を住民が認識していけるようにする取り組み、いつでもどこでも誰でも必要な医療が受けられるようにする医療民主化の運動、地域医

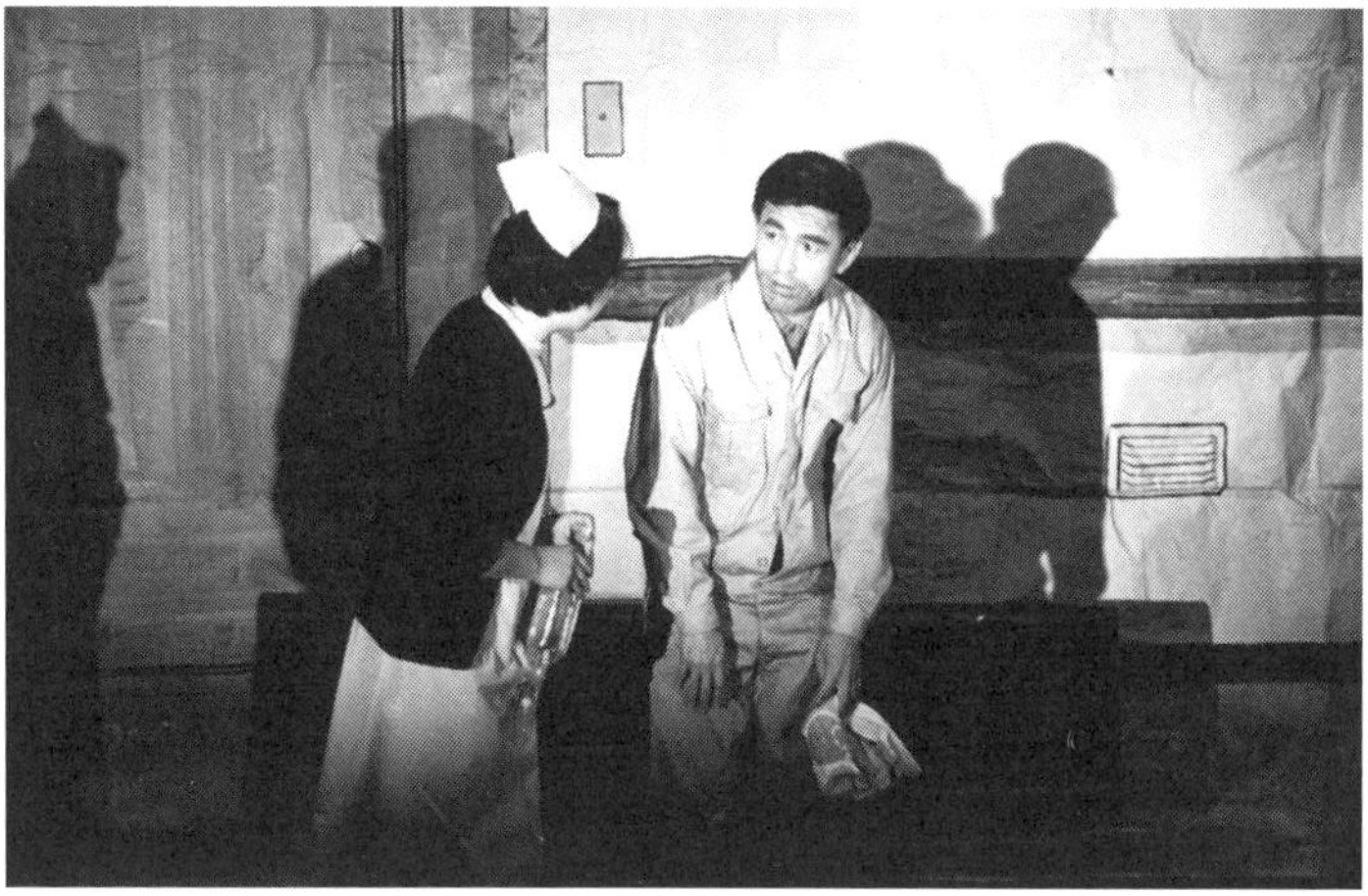
病院劇団部員による『高すぎたレタス』

療の実践が信州の農村の小さな病院で協同組合の医療運動として始まったのです。
１９７０年代アメリカでプライマリーケアの取り組みが始まり、日本では１９８０年代中ごろから地域医療が急激に強調されだしました。このことはそれまでの医療が住民の生活の場からかけ離れたところにあったことの反省でもあると思います。それはそれで良しとするが、それまで見向きもしなかった分野に、我もわれもと医療機関が名乗りを上げる様子は奇異にさえ思えました。背景には国の医療費抑制政策下での医療経営の危機の進行があったことは否定できません。このような地域医療の進展が、国民の願う真の医療民主化の道程に合致したものであるかどうかいささか疑問をもちます。良心的な医療人もいるし、例えばインフォームドコンセントの実践にみられる新しい医療の流れもありますが、医療民主化が究極にめざすことは、国民一人ひとりの健康権の保障と患者・住民の主体的参加でしょう。地域医療の実践は、そのような医療思想の水準にまで高めることが求められるのではないでしょうか。

患者・住民が健康の主体者として自覚を持つためには、健康を個々人のもつ基本的権利として認識することが大切です。しかし、この認識は容易に生まれるものではありません、そこでくり返しくり返しおこなう保健学習が必要になります。学習の場を日常生活のなかにどれだけ多くもつか、集団のなかでどう高めあうかが鍵です。先進地域では保健と社会教育分野との連携が進んでいます。

若月先生らは保健学習の場を地域のなかに頻回につくりました。オリジナルの演劇をとおして住民に健康の大切さを訴え、自分自身が自分の健康の主体者（健康を権利として認識する）へと成長していくための支援を長年にわたりおこなってきました。私も厚生連病院に勤務していたころ身近な健康問題をテーマに脚本を書き、労組の劇団部に何度も上演してもらいました。場所は農協婦人部の集会とか公民館祭りなどで、農村（地域）医療活動の一環としてでした。医師、看護師、各種技術者、事務職などで構成するスタッフ、キャストと、劇を観る地域の人びととが「健康」を考え合うなかで共感が生まれ、その関係がさまざまな交流をとおして発展していくのです。その発展の過程で住民は自分の健康を守るために自分が主体者となり、例えば病気のときには専門家と共同して健康回復するために自身も努力する考え方へと脱皮していく。このような主体者意識を獲得するまでの過程が極めて重要であり、その意識は自己責任論と相容れるものではありません。

現代社会に生きて自分の健康と真摯に向き合うことは、相当にエネルギーの要ることです。「健康」の概念が近年、ＱＯＬやSocial Well-Beingにまで広がってきたことは衆知のとおりですが、例えばSocial Well-Beingを実現しようとするとき、個人の努力でにわかになし得ることは極めて少ない。生活習慣病を引き起こす大きな要因とされる食生活を取り上げて考えれば、事態は明瞭です。人体に悪影響をもたらすとされる、化学物質が添加されている輸入食品などは、個人の努力では防ぎようもありません。まさに社会の仕組みから派生する問題です。健康を共同で守らざるを得ない時代になっています。それにしてもこのような社会的仕組みに起因する問題の一端を、生活習慣病など と個人の責任に帰してしまう施策は受け入れられないのです。

ＷＨＯ憲章は健康を享受することはすべての人間の基本的人権として位置づけ、「すべての人に健康を」(health for all) というアルマ・アタ宣言のスローガンも、基本的人権の重要な構成内容である健康の実現という意義を持ち、わが国の憲法25条の理念と呼応するものです。

「生命行政」の名で広く知られている岩手県沢内村は１９６０年、他に先がけて65歳以上高齢者の外来医療の10割給付を村の国保で実施しました。そのとき村議会で国民健康保険法違反ではないかと指摘された故深沢晟雄村長は、「それはあるいは国民健康保険法に違反するかもしれませんが、末端の法律はともかく、少なくとも憲法違反にはなりませんよ。これをやらなければ、経済的に困っている村の人たちは、憲法が保障している健康で文化的な最低の生活すら得られないですからね。

もし訴えるのであればそれでいい、最高裁まで争いますよ」と答弁しています。（及川和男『村長ありき』新潮社）これぞ地域医療の基本的立脚点である基本的人権を、絵に描いた餅にするのではなく、現実に住民が生活している地域で実現した典型といえます。沢内村では村内の専門家、諸組織、団体、住民が共同して健康な村づくりの目標を一つ一つ達成してきました。そして老人医療費10割給付を実現しました。

地方自治法にある自治体の責務には、「住民の安全を守る」ことが掲げられていますが、この根拠は憲法25条にあります。国民健康保険料を長期に滞納した世帯への、保険証交付を差し止めることが制度的に認められるような地方自治のあり方は、憲法25条の形骸化そのものです。経済不況が長期化し、労働環境が深刻化するなかで職を失い、生活に困窮する人の数は増加し続けています。経済のグローバル化という国策の後押しもあってすすめられている現今の経済体制は多くの国内労働者に犠牲を強い、保健・医療の面でも影響が出てきています。失職し、国民健康保険に転入しても保険料の負担に耐えられず滞納する。その結果が前述の保険証差し止めです。「資格証明書」を交付し、診療時には療養費払い（現金払い）するというもので、これにより医療を受けられないで死亡した例が全国に出ています。「生命行政」を実行した故深沢村長が存命していたら、このような25条の空文化をどのように検証するのでしょうか。

１９８４年健康保険法が「改正」され、勤労者の健康保険（共済、健保、政管など）が診療時10

割給付が９割となりました。それを阻止する国民的運動が全国に繰り広げられました。私も１９８３年厚生省（当時）との交渉に臨む機会がありました。当時、健康保険本人の診療時一割負担と同時に、軽費療養費の自己負担化が計画されていました。そのことについて厚生省担当課長は次のような説明をし、交渉参加者があっけにとられたことを思い出します。「風邪のような、本人の不注意でなる病気の治療費を健康保険で給付することは、日常生活で注意する人との間に不公平が生ずる。だから、全額自己負担にしたい」。まさに健康の自己責任論をあらわに表明したものでした。

イギリスの市民革命の理論的指導者として知られるジョン・ロックは、「封建制のもとでは、生命や身体が国王や領主の主権に属していたが、自己の生命、身体に関することがらは自己の主権に属するものであって、他人にあれこれ命令される筋合いではないし、自分の財産と同じく自分の所有物であり自分で決めるべきことがらである」と主張しました。これを健康の自己主権論と呼ぶ、としました（日野秀逸『医療と歴史』日生協医療部会）。さらに、「国民が主権者として振る舞うには、健康に関する理性を磨かなければならない。そのためには個人の努力を基礎としつつも、集団的な学習を必要とする。同時に国が国民の健康に関する理性を形成し、発展させる条件を整備（憲法25条を履行）しなければならないと日野氏は主張しています。現在推進されている社会保障構造改革の内容が健康主権を侵害し、憲法25条を形骸化させている現実を思うとき、これらの主張はそれに対峙する国民の態度について多大な示唆を与えるものです。国民がこの先どのような道を選択し国の未来を創るのか、それは焦眉の課題になっていると思います。

七．住民主体の安心の地域づくり

小諸・北佐久地区での介護施設づくり住民連絡会

1982（昭和57）年、老人保健法が国会で審議されていたことを契機に、高齢者問題が地域全体に燃え広がりました。その火つけ役となったのが地域医療懇談会でした。「老人の介護施設を考える小諸・北佐久地区住民連絡会」の運動がそうです。

老人医療の将来について話し合われ、参加していた老人クラブ連合会、婦人団体連絡協議会、農協組織、労働組合等の代表から、この小北地区の高齢者対策、老人保健の問題にみんなで取り組むことが提起され、私たちの労働組合が事務局を受けもち「老人の介護施設を考える小諸・北佐久地区住民連絡会」が1985年に結成されました。そしてこの組織の支部が1市4町2村のすべてにつくられ、活発な住民運動が始まりました。増えていくであろう在宅の障害老人の介護施設を、中学校区単位にまちの中心部に、行政がつくるようにという運動です。それぞれの地区の実情にあった施設の青写真を自分たちでつくり、ねたきり老人の実態調査もおこないながら署名運動、行政との交渉をすすめてきました。この各市町村の支部の事務局も、そこに居住する病院の組合員が居住地活動として参加し、農協の生活指導員と一緒に運動を担ってきました。1990年現在、2町1

村に施設ができ、2町で建設が始まっています。北御牧村ではデイサービスセンターが7月16日にオープンしました。

労働組合は本気になって、いろいろな運動にとりかかり、とりわけ患者・住民要求の実現にむけ大奮闘し、後の小諸厚生病院の姿を変えていくような成果を重ねていきました。

ある町で町長交渉をやっているときに、住民連絡会の皆さんの要請に対して、町長が「そういう施設をつくることは大事なことだが、まだちょっと余裕がないから」と最初から話に乗りませんでした。そのとき交渉をおこなった、主に農協の婦人部のみなさんでしたが、「町長さん、私たちは農協の婦人部の総会のときにはバザーをやったり、日常的にも野菜の直売スタンドを作ったりして入ったお金は、みんなあなたの名義で農協に預けてあります」「このお金をどのように生かすかは町長さんの胸一つじゃないですか」と訴えるんです。そこに至るまでの運動がお母さんたちを成長させているんですね。町長さんはしばらく黙っていましたが、「分かった。今すぐというわけにはいかないが、今年は調査費を計上するから」と言って話が進んだのです。

燃える農家のかあちゃんたち

小諸市三岡地区の農家の主婦7人でつくる生活改善グループ「あしなみ会」は、老人の介護施設を地元に実現させる運動のPRとその基金づくりのため、農産物の常設無人販売所を始めました。

緑のテントの中には、とれたばかりのレタス、キャベツ、ニンジンなどが並んでいます。梅雨どきの夕方、近くの主婦や勤め帰りの人が野菜を買って、そのお金を箱に入れていきます。1時間前に並べた野菜は、またたく間に売り切れてしまいました。農協集荷センター入口には「ふれあい無人販売所」の看板が立ち、テントの中には「売り上げの一割を寄付、私たちの地域に老人の介護施設をつくろう」と書かれたパネルが掲げられています。

「あしなみ会」の事務局をしている高橋咲枝さんは、「高齢化社会は私たち女性の問題です。私たちが安心して仕事に専念できるためには、老人の介護施設はどうしても必要です」と熱っぽく訴えます。

いま小諸北佐久地域では、「老人の介護施設をつくる小諸北佐久地区住民連絡会」によって、「自分たちの身近なところで街の中心部に昼間あずかりの施設をつくろう」という住民運動が展開されています。望月町や北御牧村の農協婦人部は、農協祭のときにバザーを開き、売上金を農協の口座に入れておいて、町長（村長）との話し合いの際「施設建設の資金に」と熱心に訴えるのです。5万、6万というお金で施設ができるわけはありませんが、一つの目標にむかってみんなが力を合わせることの大切さを、農家のかあちゃんたちは、じわじわと感じ始めているのです。

住民の声から

「老人の介護施設をつくる住民連絡会」は、老人保健法ができた１９８３（昭和58）年の「地域医療懇談会」がきっかけとなって発足しました。

地域懇談会に参加した住民や各種の団体の代表からは、この地方の寝たきりや痴呆性老人の実態、介護者の状況、国の目指している医療の方向などが生々しく報告されました。

５年間も寝たきりのお年寄りを介護している小諸市の甘利美代子さんは、「自営をしている夫の仕事を手伝いながら、オムツの交換や食事の世話をしています。夜も2、3回は起きなくてはなりません。ですから、気が休まる暇もなければ、幼稚園にいっている息子の参観日にもいけません。正直に言って、枕を高くして休んでみたいと思ったことが何度もありました。でも夫の親ですから、私がみないで誰がみてくれるでしょうか……」と涙ながらに、その状況を話してくれました。

こうした経過のなかで、とりわけ老人クラブ連合会や農協婦人部、生活指導員会のみなさんたちから、「このままの状態がすすめば、農村での高齢者問題はえらいことになる。国や自治体にお願いすることはもちろんだが、早急に何か自分たちでできることからでも取りかかろう」という提案がなされ、「病院の労働組合が事務局になって、できるだけ早く具体的なプランを」という要望も出されました。第9回の懇談会が開催された85年4月のことでした。

このときから一年半という長い学習と準備の期間を経て、「介護の必要なお年寄りが、昼間通所して介護サービスや機能訓練を受けながら生きがいをみつけられ、同時に家族の介護労働を軽減させることができる施設をつくろう」という骨組みが固まってきました。そして86年11月、小諸北佐久地区の地域住民、農協関係者、老人団体、婦人団体、労働組合などの代表が集まり、「老人の介護施設を考える小諸北佐久地区住民連絡会」が結成されたのです。

折しも病院では第7回の病院祭が開催されており、メインテーマの「地域のなかでの老人介護――いよいよ始まるデイケア」に多くの熱い視線が注がれていました。この病院祭で、北佐久農協生活指導員会は、自分たちの身近な高齢者調査の結果を発表していました。小林妙子生活指導員はパネルを前に、「家族の介護も大変ですが、老人自身も孤独な生活を送っています。また本人も介護者も特別養護老人ホームへの入所は望んでいません。自分の家で老後を過ごしたいという要望が強いのです」と説明、この調査結果が介護施設づくり運動の骨格に大きな示唆を与えてくれたのです。

施設の青写真づくり

結成されたばかりの「住民連絡会」でみんなが決めた目標は、「住民の要望を盛り込み、この地方の実情にあった昼間あずかりの介護施設を中学校区単位につくろう」ということでした。そして

「この運動は、住民福祉を担う行政がなすべきことを要望していくために、また、目の前の現実をいくらかでも良い方向にしていくために、地域の助け合い運動としてすすめよう」と確認し、施設は行政に建ててもらうことも申し合わせました。

みんなで確認したことをもとに、老人クラブや農協婦人部などの代表で構成された役員会が、具体的な施設のプランづくりに入りました。役員会は毎月きちんと開かれ、欠席者はほとんどありません。地域の皆さんから寄せられている期待に一日も早く応えようという熱い思いがみなぎっていました。

しかし、施設のプランづくりは始まったものの、どんな施設がよいのか、その具体的なイメージがなかなか浮かんでこないのです。「お年寄りをあずかる託老所ずら」くらいに考えている人が大部分でしたから。そこで、学習会や視察をおこなうことになりました。暑い夏の日に開いた学習会は、長野県高齢者対策課の担当係長を招き、老人デイサービス事業・デイホーム事業についての講義を聞きながら、どんな制度を活用すればよいのか、百人近い会員で検討し合いました。この学習会に、北御牧村の吉池みや子さんらは、「村に施設をつくってもらうためには、議員さんも勉強しなけりゃ」と、村議会の社会文教委員を引っ張ってきて、マイクロバスに乗って大勢で参加しました。議員も汗だくで聞き入っていました。

さらに視察もおこないました。病院のデイケアだけでなく、長野県下でいち早くつくられた武石村診療所に併設されたデイホーム施設を何班にも分かれて見学しました。帰り際には矢島嶺所長から「皆さんの熱意は必ず自治体の長に通じます。頑張りましょう」と励まされる一幕もありました。こうしたなかで、単なる託老所ではなく、機能訓練も受けられる介護施設のイメージがだんだんとはっきりしてきました。

支部づくりと農協の出番

施設のモデルプランができると、これを具体化していくために、小諸北佐久の全市町村に支部をつくって運動をすすめていくことになりました。支部をつくるにあたっては、この運動に最初からかかわってきた農協の生活指導員たちや婦人部の皆さんが中心に据わりました。そして各農協の組合長にも〝出番〟をお願いしました。

当時、小諸北佐久地区には12の農協がありました。農村地域の助け合い運動を起こしてほしい、そのために「組合長さんにひと肌ぬいでほしい」とお願いしました。どの組合長も真剣に話を聞いてくれ、組合長自らが呼びかけ人になって、さまざまな団体や組織の人たちを集め、支部の準備会や総会がもたれました。こうして、87年の秋には、望月町、軽井沢町、御代田町、小諸市、北御牧村、立科町と、またたく間に支部が結成されました。事務局長はほとんどのところで、農協の総務課長や生活課長が引き受けてくれ、生活指導員が事務局員にあたってくれました。

支部の活動で重要なことは、この運動の趣旨を住民のなかに広めて会員を増やしていくことと、住民の要望を盛り込んだ施設づくりについて、行政との話し合いをすすめていくことでした。こうした活動の大きな推進力となったのが、小諸実践保健大学の修了生のみなさんでした。

「望月町では、農協組合長さんが支部結成直後に町長さんと話し合いをもってくれたんです。いい感触をつかんだと組合長さんは言っていました」と、支部の活動を報告する阿部今朝美さんの顔には笑顔が……。こうしたなかで、それぞれの運動の経過や教訓を学ぶために、2か月に1回定期的に全支部合同会議をもちました。そこで、各地の取り組み状況が報告されます。その報告は活気にみちていました。

「私たちは、支部ができてすぐ村会に陳情書を出したんです。そして、住民連絡会の会員はみんなで村会を傍聴し、採択されるのを目の前で確認したんですよ」という北御牧村の吉池みや子さんの報告は、その後の行政との話し合いをすすめていくうえで、よその支部の役員の皆さんに大きな力づけになりました。

土屋忠子さんは満面に笑みをうかべて、「軽井沢町では『痴呆性老人の世界』の上映会のときに、申込書を添えて住民連絡会への参加を呼びかけました。そうしたら、連日のように会員が増えてきました」と報告しています。

しかし、もちろん各地の運動の取り組みはまちまちで、全部が歩調を合わせてというわけにはいきませんでした。軽井沢町のように、住民連絡会の運動が始まったころ、町当局も高齢者対策を考えており、介護施設の計画がトントンとすすんでいったところもあれば、一方小諸市のように地域の範囲が広くて支部組織の土台づくりからとりかかるといった状況で、たいへん長い時間がかかったところもありました。そうしたなかで、浅科村にも、１９８９（平成元）年３月、やはり農協が中心となって支部が結成され、北佐久郡下全市町村に支部ができました。

運動の成果が見えてきた

１９８９（平成元）年の第10回病院祭にむけて、農協生活指導員たちはパネルづくりに一生懸命です。テーマは住民連絡会のそれまでの到達点です。

「軽井沢町の場合は89年5月に老人福祉センターに老人デイサービス・デイホームができたんですが、施設の設計図ができた段階で支部の役員と町との話し合いをもったんですよ。この橋渡しは農協の組合長さんがしてくれたんですが、その話し合いのなかで、介護室の日当たりが悪いことと車いすで利用できるトイレがないことを指摘し、要望に添った施設をつくってもらいました。いま支部では、町のボランティア団体に登録して、会員がボランティアとして施設にかかわっています」と小林恵子さんが軽井沢支部の状況を話します。

「望月町では91年度に、悠玄荘（軽費老人ホーム）に併設したデイサービスを開設するっていうし、立科町でも徳花苑（特別養護老人ホーム）にデイサービス施設を併設するでしょう。それに比べて北御牧村は、御牧の湯に施設をという考えもあって具体的になっていないんだよね。それでも住民連絡会が要望して高齢者センターに車いすトイレができたし、リハ教室の回数を増やしていくっていっているから、これも運動の成果としないとね」と小林妙子生活指導員。

「御代田町でも老人福祉センターの一部を改築して、特殊浴槽と集会室をつくって、90年からデイサービスを始めることになったから、住民連絡会の成果が見えてきたと評価していいんじゃない？」と、出された意見をまとめるのは桜井ヨネ子生活指導員。たたみ二畳分のパネル3枚に、支部ごとの到達点がまとめられていきます。

90年の2月に開かれた実践保健大学同窓会交流会では、地域での実践活動として、住民連絡会の支部の取り組み状況を報告し合いました。小諸支部長をしている鮫島ふみさんは「小諸支部ではなかなか運動がすすまなくて……。病院の労働組合の力もお借りして、88年に市議会に陳情書を出して採択されましたが、市長さんとの話し合いで、あまりよい返事をもらえなくて、『市営球場跡地の保健センター建設計画に老人の介護施設を併設してほしい』という署名運動をして、一万人を超える署名を集めました。小諸市の人口の4分の1ですね。その署名を市長さんに渡したら、『少し時間をかけて検討したい』というお返事をもらいましてね、私は事務局長の山口さんと思わず手を握り合ってしまいました」と報告しています。この住民による地域ぐるみの運動は、地域の切実な願いを背景にして大きく広がり、各地で実を結び始めています。

住民と組合が一体となった取り組みで、大きな成果をあげることができました。これについては自治体研究社出版の『在宅ケアの活きるまち』に紹介されています。

上田市豊殿地区の住民による「安心の地域づくり」

わが国における保健・医療・福祉の分野で、住民の主体的参加による運動を実現することは一般的には遠大な課題です。

住民のいのちと健康を守り、育む仕事は、歴史的に行政や専門家たちの手にゆだねられ、その主導によってすすめられてきた経過があります。住民一人ひとりが主権者として自分のいのちとか健康のことを考える訓練が不十分であったため、〝医者まかせ〟が住民の意識のなかに育ってきてしまいました。

日本国憲法の民主主義、主権在民の思想を基調として、第25条を実現させる住民の運動は、僅かな先進事例を除き総じて大きな進展がみられないことは否めない事実でしょう。

「住民の参加」はまさに協同組合の理念と合致するものですが、それぞれの住民参加組織やその運動が、非営利・協同による福祉コミュニティ形成の主体づくりと、どのようにかかわりをもつことになるのでしょうか。上田市豊殿地区の事例をあげ、検討したいと思います。

自分たちの病院がほしい

２０２１（令和３）年1月1日付信濃毎日新聞の1面に、丸山貢一論説主幹による「福祉を学び、種まく人々—上田の住民活動20年余—」の記事が掲載されました。

紹介された活動の舞台は上田市豊殿地区（市東部の農村地帯、人口約５４００人）。この地にある農産物直売所「豊里ふれあいの里」の仲間が、がんの手おくれで病死する事態がおきたことをきっかけに、直売所所長の春原忠雄さん（当時74歳）は「このままじゃだめだ。自分たちの地域で人間ドックを受けられる医療機関が必要だ」と周囲の仲間に声をかけ、医療機関誘致の運動を始めました。ＪＡ女性部にもその声は広がっていました。

１９９９（平成11）年9月、豊殿地区自治会連合会や地区振興会の代表が集まり、「医療・福祉施設誘致推進委員会」を発足させ、春原さんが委員長に就任しました。以後4年間にわたった地区ぐるみの大住民運動は施設誘致を成功させ、特養「ローマンうえだ」ができました。さらに住民自身の手による「学び」の場として、種まき人をめざす「安心の地域づくりセミナー」を開講させています（現在はコロナ禍による影響でセミナー開催も制約を受け、仲間のなかにやや苛立ちが広がっていますが……）。

当時、厚生連鹿教湯病院院長であった市川英彦先生（元佐久病院内科医長・故人）と、特別養護老人ホームローマンうえだで施設長を務められた桜井記子さん（元佐久病院看護師）、それに長野大学社会福祉学部に在職中であった筆者（元小諸厚生病院）らが、豊殿地区の住民運動をずっと後押しし続けられた意識の根底には、協同組合の思想を道標とした運動論、若月先生の住民主体論がありました。運動者でもあった若月俊一先生がかつて、「客観的ニーズを主観的ディマンズに転化させることが私たちの運動である」と繰り返し強調されていたことを、豊殿地区の取り組みから具体的に学ぶことができました。

運動は手弁当で

上田市は長野県内でも長野市、松本市に次ぐ大きな市です。しかし豊殿地区の住民は、「上田市との合併でここは〝周辺〟になった」と疎外感を抱いていました。地区の医療機関は開業医が1軒だけでした。人間ドックの受診や、少し重篤な病に罹患すると丸子町や小諸市、佐久市の医療機関に、時間をかけて受診するという不便さを日常的に感じていました。多くの住民に客観的ニーズが存在していたのです。誘致運動は当初悲観的な見方もありました。しかし、春原さんは「これは自分の問題でもある。可能性があるないではなく、やらなくてはならない」と言い、副委員長の佐藤

第20期「安心の地域づくりセミナー」で

貞寿さん、田中公雄さんの〝三羽がらす〟（いずれも70代）を中心に、エネルギッシュな取り組みを開始しました。このとき貫いたのは、「手弁当」の原則です。

誘致委員会の基本方針を次のとおりにしました。

①委員はボランティアで務める
②政治家や業者と提携しない
③住民の総意を結集して活動する
④任期は目標達成まで
⑤隣接地、行政、農協、県厚生連と連携する

まず全世帯の誘致運動への意思確認署名を集めたところ99％が賛成。この結果をもとに、市議会陳情をはじめ3日に1度は三羽がらすの戦術会議を開き、打てる手はみんな打つねばり強い運動を進めました。どのくらいの上田市民が他市の医療機関で人間ドックを受診しているかを把握するた

め、市の国保と交渉して人間ドック受診料補助金の交付状況を調査し、具体的事実に基づいて行政との話し合いもするなど、説得力のある方法も考え実践しました。

土地の確保は難航しましたが、豊殿地区住民の熱意に動かされ、JA信州うえだが地区内の選果場跡地（約7000平方メートル）の無償貸与を決定しました。誘致委員会は当初「自分たちの病院は厚生連で」と運動を進めてきましたが、現今のきびしい医療情勢のなかで諦めざるをえませんでした。病院がダメなら、まずは特養を建設しようということで、2001年特養ローマンうえだが開所できました。

次に念願の診療所の開設にあたっては、医師会の承認を得ることが難題でしたが、市川先生らのねばり強い折衝で2001年7月、ヤマを越えることができました。診療所の医師確保では、「住民が信頼できる地元出身医師を」との住民の要望に応えるべく、誘致委員会は先頭に立って医師探しを始め、当時大学勤務中で米国留学を控えていた戸兵周一医師を口説きおとしました。このとき戸兵先生が決意した決め手は、市川先生からのエールでした。〈病気の原因は暮らしのなかにある。地域という前線に出れば、暮らしと結びつけて患者を診る、大学とはひと味違う医療ができる。…ぜひ豊殿に来てほしい〉と。こうして2003年4月、最新鋭の医療機器を導入したリハビリテーションセンター鹿教湯病院附属豊殿診療所が開所しました。

一足早く前年9月に開所した特養ローマンうえだの桜井記子看護介護科長は、開所を準備するなかで地区の方がたと熱い議論をしてつくり上げた施設理念の、実践と運営の基礎づくりにとびまわっていました。

医療・福祉施設誘致委員会とＪＡ信州うえだの力

「家族介護から社会的介護へ」を旗印に介護保険制度が２０００年に発足しました。それを見据えて全国の農協組織は、介護事業の導入を事業計画に盛り込み始めました。長野県内でも農協婦人部を対象にヘルパー養成講座を開講し、厚生連が講師派遣などの協力体制を整え、１９９０年代半ばから具体化が進んでいました。

１９９３年、私が国民医療研究所での事務局長任務を終え帰郷し、地域での社会活動（食健連運動）に復帰した頃、厚生連佐久病院の松島松翠院長、小諸厚生総合病院の坂本和夫院長、鹿教湯病院の市川英彦院長の三先生から、私のこれからの仕事について相談したいとのことでお呼び出しがありました。相談の内容は「厚生連健康管理センターに籍を置き、東信地方（佐久・上小）の農協の高齢者福祉事業・活動のお手伝いをしてほしい」ということでした。それから8年間、私は健康管理センターの嘱託職員として地域をとび歩き、とりわけＪＡ信州うえだでの事業の組み立てから現場でのさまざまな支援に奔走しました。

まず、上田地域の農協組合員の要望調査を農協と厚生連の職員で１５００人に対して実施。そこに寄せられた「デイサービスセンターがほしい」との声を農協に実現してもらったことを皮切りに、事業は拡大していきました。私はこの頃、全国農協中央会からの要請で他県の組合長研修会などで介護保険のお話をする機会が何回かありましたが、そのときの質疑応答で最初に出される質問は「介護は儲かりますか」がどこでも共通していました。一方、JA信州うえだで話されていた幹部の意見は「うちの農協がこれだけ大きく発展してきたのは、先輩たちの努力の結果だ。今度は私たちが恩返しをする番だ」と、温かい思いのこもった言葉でした。

私が長野大学社会福祉学部の教務に就いてからは、農協の提案により農協、厚生連病院、長野大学の3者で「JA信州うえだの地域福祉をすすめる会」を立ち上げ、毎月1回の学習会を継続しました。ここには農協の常勤役員も出席し、高齢者福祉にかかわる国の政策動向、協同組合福祉の役割、運営上の具体的課題などを熱心に話し合いました。これらJA信州うえだが大切にしてきた農協福祉事業・活動への思いは、当然のことながら豊殿地区住民（組合員）の運動を、全面的にバックアップすることとなり、誘致委員会をどれほど励ましたかはかり知れません。

「安心の地域づくりセミナー」での学びから意識の変革へ

施設誘致が一歩一歩前進し多くの住民のなかに達成感が出始めたころ、委員会のなかに「誘致委員会を今後どうするか」の議論が出始めました。はじめの議論は「目標が実現できたのだから、組織は解散してもいいのではないか」というものでした。一般的にはあり得る意見です。三羽がらすのメンバーも少し気持ちが動揺しました。意見を求められた私は控えめに口を挟みました。「決める当事者は住民の皆さん自身ですが、もともと施設誘致の発端は地域に『安心』がほしかったことではないでしょうか。施設の完成だけで安心は担保できるでしょうか。施設を拠点としての住民の『福祉力』、『地域力』を高める次の手が、まだ必要ではないでしょうか」と提起させてもらいました。

誘致委員会の結論は、「解散はしない。組織替えをし、住民主体による『安心』の地域づくり事業実行委員会を設立する」ことにしました。

この実行委員会が取り組んだ最初の事業は、セミナーの開講でした。施設に寄せる住民の思いは、自分が利用するようになったとき、心が通じ合えるスタッフ、自分らしさを後押ししてくれるスタッフと出会いたい。真底から患者の立場に立って診てくれる医療スタッフと出会いたい。そんな患者・利用者の当たり前の願いが通じる施設であり、診療所であってほしい。そのために、住民自身にも意識変革が求められました。住民主体の「安心の地域づくりセミナー」はこのような期待を背景にスタートしました。会場はローマンうえだの研修室です。

セミナーの構成、講座内容などの組み立ては実行委員のみなさん、市川先生、桜井さんらと何度も打ち合わせをして決定し、事務局は農協、厚生連病院が担当しました。農閑期の6回講座（1回3時間）で、次のことを大切にしました。

①セミナー開講までの経過を土台認識とする
②協同組合の思想を学ぶ
③考える力を身に付け、物事の判断を総合的にできるようにする
④学んだことの証として変わることをめざす
⑤毎回必ずグループワークをおこない、当日の学びを地域にどう生かすかのディスカッションをおこなう

グループワークで、第3回講座に参加していた都会からの移住者（50代女性）が、「この地に暮らし始めて地域のことがよく分からないまま数年経ったが、今日の話し合いで地区の中が見えてきた。これからはりあいをもってここで生活していきたい」と発言し、グループのメンバーから拍手を浴びた光景は感動的でした。

これまで「学んだことの証は変わること、種まき人になろう」を目標とし、約20年の歩みを進めてきましたが、このなかで地域の人びとの関心が高い「認知症とどう向き合うか」をテーマとして、先進的実践を生み出しています。これまでの認知症学習は一般的に「認知症を知る」タイプでしたが、豊殿では「認知症になっても可能な限りふつうの生活ができるように、ノーマライゼーションの理念で地域全体で支え合う風土と仕組み（福祉力・地域力）を、どのようにつくり上げていくか」を基本の考えとして、一つずつ積み上げてきました。

受講修了者の同窓会をつくり、その会員が主体となって集落単位で、カフェを定期開催（現在7か所）しました。さらに認知症当事者やその不安を募らせている方々に気楽に足を運んでもらって談笑する場づくりとして、閉店となったＪＡ信州うえだの豊里支所を借りて改装し、一般市民も立ち寄れる軽食・喫茶「ひなたぼっこ」を開店しました。これらさまざまな取り組みは、会員によるボランティアの会が運営しています。今ではここは地域に安心を生み出す泉のような場所になっています。

「安心の地域づくりセミナー」同窓会の交流会

このセミナーの大きな特徴の一つは、受講料が公費（自治会費）負担であることです。開講当初は自己負担でしたが、受講者の広がりや同窓会員の活動の広がりとともに地域のなかで高い評価を受け、自治会役員や民生・児童委員、区の役員となった方などほぼ全員が順々に受講するようになって、受講料が自治会負担となりました。

現今は「地域包括ケアシステム」が国の保健・医療・福祉政策の重点課題となっています。そのため地域のなかに〝協同〟を育てること自体は、住民の「自主的活動」としてさらに努力していくことが必要ですが、これを推進することをいいことに公的費用の削減を国が目論むとするなら、とんでもない話です。そうならないための住民のきびしい眼が必要です。

定期的に交流拠点サロン「ひなたぼっこ」開設

私はこれまでさまざまな社会活動にたずさわり、多くの人びとと交友を深めてきました。そこでは意識的に自分で考え、行動する習慣が身につくような学びの場を広げる努力をしてきました。本書でも紹介しました、上田市豊殿地区で25年前から始めた「安心の地域づくりセミナー」では、講義2時間、グループワーク1時間の日程を毎回実施してきました。講義では世の中を広く見る訓練と、認知症であってもふつうに暮らせる地域づくりの目標を実現のため一つひとつ実践を積みあげました。セミナー修了者たちが同窓会をつくり、JAの休店した建物を借り、定期的にサロン「ひなたぼっこ」を開きました。そこでは認知症当事者も家族も地域の人びとも分け隔てなく交流することができるようになりました。同窓会員のボランティアが交代で調理し昼食をつくったり、コーヒーを飲んだりの歓談の場、仲間づくりの場としています。

このような人と人のつながりが、コロナ禍で冷めた人間関係をも修復することができると思います。

あとがき

いま私がもっとも力を入れている社会運動は、憲法9条を守る運動です。「こもろの会」の責任者を13年間やってきましたが、約7年間、市内の全戸訪問をして署名をおこない、対話活動をおこなっています。私たちはあえて「対話活動」といっています。

昨年90歳を超えた私は、このうちのほぼ70年近く「自分」として生き、まわりにもそうあってほしいとの思いをこめてさまざまな場面でおつき合いの輪を広げてきました。それは、女性に多い「いまウチの人がいないので……」、男性に多い「どんな人たちがこんな署名をしているだい？……」と言うような人びとが、一人でも少なくなることを願ってきたからだったように思います。

署名に応じない人には、なぜ9条ができたか、9条がどんな役割を果たして来たか、そしていま、9条をめぐる状況がどうなっているかをじっくりと話し、賛同してもらう努力をしています。

この運動を通して痛切に感じていること、私が今日、最も訴えたいことですが、私たちの回りには主権者としての自覚を持っていない人がどんなに多いかということです。逆に主権者意識が発揮されることにより、いま日本が直面している窮場を打開できることが、どんなに多くあるだろうかということです。地方の市町村段階でも同じことが言えます。町や村の主体者として人びとが振舞うようになれば、もっともっと民主的な町づくり、村づくり、地域づくりができると思います。

下水内郡栄村ではモデル的な取り組みをされていますが、私たちはこういう思いを広げて、これからの日本、地域を展望したときに、すべての問題にあてはまるような壮大な課題になるだろうと思っています。

最近のとりくみとしては、長年の師父であった小林節夫さんの「節夫文庫」を仲間とともに設立したことです。

小林節夫さん（2016年没）は、佐久市中込のご出身で、食健連の立ち上げ、農民運動全国連合会結成、代表世話人などをつとめられ、日本を代表する農民運動のリーダーとして活躍されました。「節夫さんの想いをつなぎ、ともに新しい価値を作る場に」と、小林節夫さんの記念館ともいえる「節夫文庫」は、多くの賛同者から建設募金にご協力いただき、2021年に小林家の離れに開館できました。節夫さんが長い間関わってこられた農民運動をはじめ、非常に多方面にわたる分野の膨大な量の資料、文献、蔵書を何とかしたいとご家族から相談を受け、私たち弟子たちが2～3人集まり相談したことからスタートしました。文庫開設の意義を話し合い、確認した後、呼びかけ人会で具体的にとりかかりました。それは、節夫さんが長年にわたり築き上げてこられた農や食、人、平和への熱い想いを、次の世代に受け継ぎ発展させていくことでした。
そのためには近隣の方がたをはじめ佐久地方、長野県、全国の方がたにおいでいただき、文庫をじかに感じ、来場者同士で話し合い、学びあう場にしていただければと願うものです。文庫は地域のミニ文化センター的役割を持ちたいと考えます。サークルなどの小会議や寄り合いとしてのご利用、文化イベントや地元の旬の野菜や果物の直売会など、季節に応じて開けたらと考えております。皆さんのご参加、ご協力をいただければと思います
佐久に新しく生まれたこの財産を多くの皆さんで大切にし、この時代の負託に応えられる新しい価値を皆さんとともに創造していただけることを願っています。

家族と一緒に

いっぽう、私の住む小諸市東小諸区は約300戸の集落ですが、ここへ越してきたのは50年前です。病院に勤めだしたときです。それからしばらくは病院と自宅との往復の日々でしたが、仕事や労働組合の運動、地域での諸活動が忙しくなるにつれ、地区内のみなさんとのおつき合いが疎遠になり、区の仕事は副区長と高齢者クラブ会長が精いっぱいでした。気がついたら80歳を過ぎていました。改

めてまわりを見渡すと、私と同年齢近くのじいちゃん、ばあちゃんたちが何人かおいでで、しかも体調がよくない方が結構いました。

高齢者クラブで親しくなった友人たちと相談し、区内に支え合いの会をつくろうではないかということになりました。準備会を立ち上げ、趣意書をつくり、区総会に諮り、出席者全員の賛同で「東小諸区支え合いネットワークの会」が発足することになりました。日常的な活動は、民生委員さんの訪問対象となる前段階のみなさんへの定期訪問、話し相手、買いもの援助などで、このような支援を利用したい利用会員とボランティア会員で構成されます。それぞれについて役員と連絡員が希望をとり、設立時の会員構成ができ上がりました。スタート時は利用会員11名、ボランティア会員40名でしたが、利用会員の人の利用事情で活動は流動的です。2〜3人のボランティア会員が担当チームをつくり、定期訪問と全体の情報交換を報告会でするようにし、必要に応じ民生委員さんに相談にのってもらうようにしています。

発足後10年経ちましたが、この間コロナ禍の影響ははかりしれなく、いま日常的な活動に戻す工夫に知恵をしぼっています。可能な限り会のサロンなどを開き、途切れがちになっているコミュニケーションの場をつくりたいと思っています。東小諸区の住民として生きがいを感じられる環境づくりにもうひと踏ん張りです。なおネットワークの会の活動として、有志による小学生の登下校の送迎が暑い日も寒い日も続けられ、日々の貴重な記録が残されています。頭がさがります。

この本の出版準備を始めて1年余が経過してしまいました。わずか1年ですが、この間世界でも日本でもなんとすさまじい変化がおきていることでしょう。それも喜ばしい変わり方でなく、このままだと人類の将来に大きな影響を及ぼすような大変化です。

国外では2か所で激しい戦争の継続、国内では国民の意思に関係なく始まった戦争への明確な準備（武器輸出の解禁、防衛予算の増大など）、それに環境悪化などが顕著になってきています。

いっぽう国民生活は、新自由主義による経済体制で経済格差、貧困、差別の拡大がすすみ、苦しい生活を強いられている人びとが増大しています。わけても高齢社会の急速な進展にともない介護保険などの充実が求められているのに、国の基本料金を2024年4月から減額することが決まりました。ほんとに大変なことです。

社会の動きを、人びとが少しでも安心して住める方向に努力することが私たち国民の為すべきことと考えるのですが、そのような変化が日本ではにぶいと思います。なぜでしょうか。

福祉先進国デンマークの知人から学んだことがあります。デンマークでは、民主主義を実態として徹底させるために、子どものころから主権者教育をおこない、物事を決めるのに形式的な多数決などでなく、国民が主権者として自由に意見を述べあうことを保障し、国の姿を決めていく、そういう国づくりの歴史があるといいます。

私たちの展望する先の社会の姿は遠大です。でもどこかで本物の民主主義を手にいれ、次世代にバトンタッチしなければと痛切に感じています。

本書をまとめるにあたり、故若月俊一先生、小諸の坂本和夫先生、鹿教湯の市川英彦先生をはじめ多くの先輩方そして同僚や後輩、地域のみなさんにどれほど多くのことを教えていただき、お世話になったかはかりしれず、改めて感謝の念を深くしております。一緒に汗を流し、励まし合った個々の思い出に一つひとつ触れることはできませんが、満感の想いが心をよぎります。ありがとうございました。

編集作業では数十年来の友人、学友たちには大変なお世話をおかけしました。佐久総合病院元農村保健研修センター所長浅沼信治さん、同元事務長飯嶋郁夫さん、同元健康管理部保健師長横山孝子さんたち（50音順）には表現しきれない感謝の意を表したいと思います。

また日本文化厚生連の東公敏理事長さんからご紹介いただいた、筑波書房の鶴見治彦代表さんには、東さんともども私どもの相談に懇切にのっていただきありがとうございました。

最後になりましたが、結婚後長きにわたり心身ともに妻子には多大な負担をかけとおしてきました。ときには喜ばれ、ときには怒られしてきましたが心から感謝しています。本当にありがとうございました。

経歴および主要著作

依田發夫（よだはつお）
生年月日　1932（昭和7）年11月30日

学歴
1956年3月　青山学院大学終了
経歴
1956年4月　東京で新聞社勤務
1957年4月　長野県望月町の開拓地で酪農業
1963年3月　塩川治子と結婚
1967年9月　長野県厚生連佐久総合病院小諸分院（のち小諸厚生総合病院　現・浅間南麓こもろ医療センター）に勤務・主に地域保健・福祉活動に従事
1972年6月　長野県厚生連従組佐久病院小諸分院支部執行委員長
1977年6月　長野県厚生連労働組合書記長

１９９１年４月　国民医療研究所事務局長
１９９４年５月　長野県厚生連健康管理センター嘱託
１９９８年４月　長野県厚生連リハビリテーションセンター鹿教湯病院地域ケア科嘱託
２００１年４月　長野大学産業社会学部教授
２００１年６月　長野県高齢者生協理事長
２００５年３月　長野大学社会福祉学部退職
２００５年４月　長野県医療審議会審議委員
２００７年10月　日本農業新聞賞受賞
現　長野県高齢者生協相談役

主要著作
共著「医療を超えて」日本経済評論社、１９９０年
共著「地域づくりと協同組合」青木書店、１９９０年
編著「在宅ケアの活きるまち」自治体研究社、１９９１年
共著「健康福祉ハンドブック」佐久総合病院、２００４年

一歩 いっぽ
安心の地域づくりを

2024年11月3日　第１版第１刷発行

著　者　依田 發夫
発行者　鶴見 治彦
発行所　筑波書房
東京都新宿区神楽坂２－16－５
〒162－0825
電話03（3267）8599
郵便振替00150－３－39715
http://www.tsukuba-shobo.co.jp
定価はカバーに表示してあります

印刷／製本　中央精版印刷株式会社

ISBN978-4-8119-0682-9 C0036